IMPRESSUM

© WDR, Köln, Agentur: WDR mediagroup GmbH, www.wdr2.de

Math. Lempertz GmbH
Hauptstraße 354
53639 Königswinter
Tel.: 02223 900036, Fax: 02223 900038
info@edition-lempertz.de
www.edition-lempertz.de

© 2020 Math. Lempertz GmbH

Titelbild: Jo Kirchherr (Foto)
Texte: Helmut Gote
Layout/Satz: Ralph Handmann
Lektorat: Edition Lempertz
Titelidee & erste Textbegutachtung: Carolin Courts

Druck und Bindung: Belvédère Print & Packaging BV,
www.TheArtOfMakingBooks.de
ISBN: 978-3-96058-372-1

Dieses Buch wurde klimaneutral gedruckt.

Fotos.
© Jo Kirchherr, www.jokirchherr.com
© Helmut Gote

außerdem:
© Adobe Stock: geschmacksRaum®, klesign, Stephan Sühling, Robert Kneschke, winterbilder, Fixativ, Valmedia, Tanja Bagusat, Henrik Dolle, New Africa, Aleksandr Kolesnikov, valentina-maslova, atira, LIGHTFIELD STUDIOS
© imago images / Werner Otto
© Privatbrauerei Bolten GmbH & Co. KG
© Ruhrtaler Freilandschwein
© Pflaumenhof Stemich
© fotografie giulio coscia
© Restaurant Overkamp

HELMUT GOTE

IM WESTEN NUR GOTES

SPEZIALITÄTEN
AUS NORDRHEIN-WESTFALEN

INHALT

Spargel

1. Spargelhof Dercks (Geldern)
2. Spargelhof Schulte-Scherlebeck (Herten)

Korn

3. Kornbrennerei Böckenhoff (Raesfeld-Erle)
4. Obstbrennerei Dirk Böckenhoff (Dorsten)
5. Northoff Feinbrennerei (Lippetal)
6. Sasse Feinbrennerei (Schöppingen)
7. H. W. Schlichte Steinhäger- u. Kornbrennerei (Steinhagen)
8. Brennerei zum Fürstenhof (Steinhagen)
9. Rheinland Distillers GmbH (Bonn)

Käse

10. Hafenkäserei Münster 2014 GmbH (Münster)
11. Bioland-Hofkäserei Dörmann (Petershagen-Ilse)
12. Scellebelle (Münster)

Bier

13. Nolte Headquarter (Köln)
14. Uerige Obergärige Hausbrauerei GmbH (Düsseldorf)
15. Privatbrauerei Bolten GmbH & Co. KG (Korschenbroich)
16. Privat-Brauerei Strate (Detmold)
17. Brauerei HELLER (Köln)
18. Gruthaus-Brauerei (Münster)
19. Brauerei Kemker (Everswinkel)
20. Feldschlösschen Brauerei GmbH (Hamminkeln)
21. Bergmann Brauerei GmbH (Dortmund)

Schinken & Pumpernickel

22. Schinken-Waltering GbR (Nottuln)
23. Gut Erpenbeck (Lengerich)
24. Kaspar Prünte (Münster)
25. Bäckerei Holtermann (Lüdinghausen)

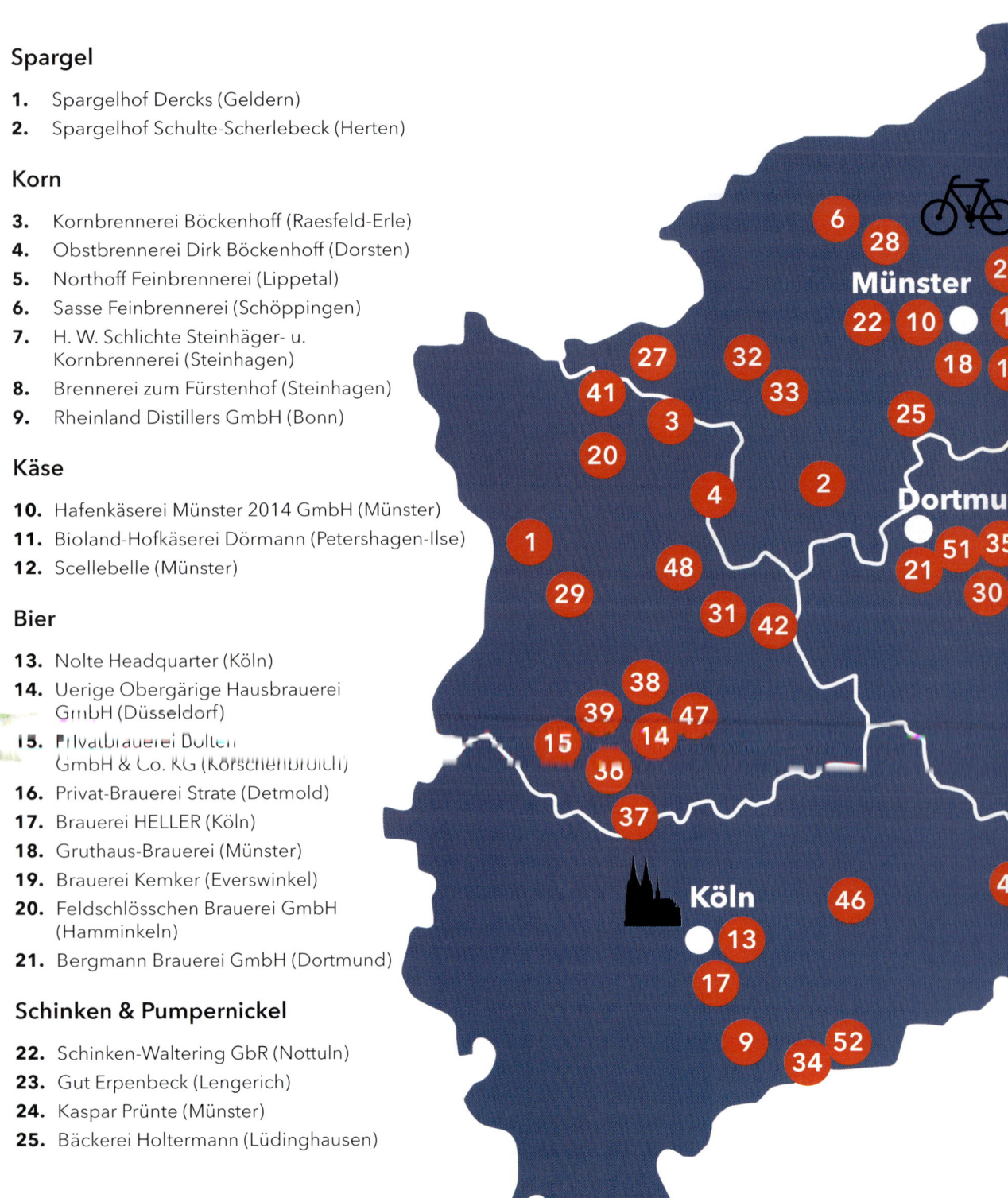

Hervorragende Einzelbetriebe

26. Meierhof Rassfeld (Gütersloh)

27. Büffelhof Kragemann (Bocholt)

28. Naturland- und Archehof Büning (Laer)

29. Grafschafter Weinbergschneckenzucht (Moers)

30. Schwerter Senfmühle (Schwerte)

31. Ruhrtaler Freilandschwein (Essen)

32. Markus Lanfer (Gescher-Hochmoor)

33. Hof Keil (Reken)

34. Weingut Pieper (Königswinter)

35. Fischhof Baumüller (Wickede-Wiehagen)

36. Jägerhof Steinfarz (Jüchen)

37. Vanikumer Walnussmühle (Rommerskirchen)

38. „Volksverein Mönchengladbach" gemeinnützige Gesellschaft gegen Arbeitslosigkeit mbH (Mönchengladbach)

39. Heinemann Konditorei und Confiserie (Mönchengladbach)

40. Pflaumenhof Stemich (Oelde)

41. Obstkelterei van Nahmen GmbH & Co. KG (Hamminkeln)

42. Biohöfegemeinschaft des Windrather Tals (Velbert)

43. Eggehof (Borchen-Dörenhagen)

44. Kiebitzhof Bioladen (Gütersloh)

45. Ardeyer Landhähnchen GmbH & Co. KG (Fröndenberg)

Originelle Gasthäuser

46. Seefisch & Meer GmbH (Overath)

47. Bistro KOMBU (Düsseldorf-Benrath)

48. Ruhrfeuer. Der Imbiss. (Mülheim/Ruhr)

49. Ballebäuschen (Reichshof-Hespert)

50. Gasthof Willenbrink (Lippetal)

51. Overkamp (Dortmund)

52. Bungertshof (Königswinter)

Liebe Leserinnen, liebe Leser,

ich freu mich sehr, Ihnen diesen außergewöhnlichen Spezialitäten-Führer durch Nordrhein-West-falen präsentieren zu können – nicht nur als kulinarischer Journalist, sondern auch unbedingt aus persönlichen Gründen.

Journalistisch, weil ich bei meinen Touren durch den Westen auf so viele tolle Spezialitäten gestoßen bin, die – so unterschiedlich sie auch sind – alles bieten, was besonderen Genuss ausmacht. Regional produziert oder sorgfältig zubereitet von echten Rheinländern und Westfalen, für die ehrliches Handwerk und soziale Verantwortung gegenüber Mensch und Tier keine Marketing-Schlagwörter, sondern offen und nachvollziehbar gelebter Anspruch sind.

Persönlich, weil ich natürlich all diese Spezialitäten schon gründlich probiert habe und weiß, wie großartig sie schmecken.

Also, machen Sie es mir nach: Überzeugen Sie sich vor Ort und zu Hause davon, was unser Land an Genuss zu bieten hat. Es lohnt sich sehr.

In diesem Sinne, immer guten Appetit.

Herzlich, Helmut Gote

SPARGEL

Schon sehr lange bevor der Spargel nach Nordrhein-Westfalen kam, nämlich vor rund 4000 Jahren, galt das heutige Edelgemüse bei den Chinesen als Heilpflanze ihrer traditionellen Medizin. Die alten Griechen setzten den Spargel vor 2500 Jahren als Arzneimittel gegen Zahnschmerzen und Bienenstiche ein, bevor die alten Römer ihn schließlich erstmals als Gemüse anbauten, das Kaiser Augustus sogar als Delikatesse bevorzugt haben soll. Die Römer sollen es auch gewesen sein, die den ersten Spargel in unsere Region brachten, aber für Deutschland ist der erste urkundlich erwähnte Spargelanbau erst auf das Jahr 1565 im „Stuttgarter Lustgarten" datiert.

Verbrieft ist ebenfalls, dass in den 1920er Jahren ein Major a. D. am Niederrhein erste erfolgreiche Anbauversuche mit dem Spargel unternahm, so wie er es zuvor in Belgien gesehen hatte. Und gesichert ist auch, dass in NRW heutzutage landauf, landab jede Menge Spargel sprießt, der geschmacklich problemlos mit den Vorzeigeregionen anderer Bundesländer mithalten kann.

DER WESTEN SPARGELT

Bornheimer Spargelanbauer
www.spargelausbornheim.de

Spargelhof Dercks, Walbeck
Bosserweg 6
47608 Geldern
Tel.: 02831 3776
spargelhof-dercks.de
www.hvv-walbeck.de/walbecker-spargel

Haus Deckers, Walbeck
www.hausdeckers.de

Spargelhof Schulte-Scherlebeck
Scherlebecker Straße 435
45701 Herten-Scherlebeck
Tel.: 02366 42446
www.spargelhof-schulte-scherlebeck.de

Spargelstrasse NRW
www.spargelstrasse-nrw.de

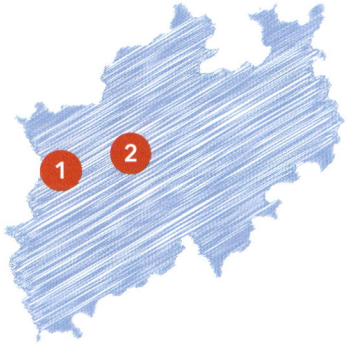

Gehen wir unser Bundesland geographisch von West nach Ost durch, treffen wir natürlich auch beim Spargel zuerst auf das Rheinland, in dem bei Erwähnung des Begriffs „historisch" alles, was nicht bei drei auf dem Baum ist, mit den Römern in Verbindung gebracht wird. So auch der Bornheimer Spargel, dessen jährlich wiederkehrende Ausgrabungen hier glücklicherweise keine römischen Keramikscherben ans Licht bringen, die man hinterher als antik bestaunen muss. Sondern den – sogar mit dem EU-Herkunftssiegel geschützten – Spargel aus Bornheim, der wegen des schnell aufwärmenden sandigen Lössbodens im Frühjahr oft schon als erster in NRW schießt.

Aber auch im übrigen Rheinland hat der Spargelanbau in den vergangenen Jahrzehnten deutlich zugenommen, wie fast in ganz NRW – zumindest in den Regionen, wo Bodenbeschaffenheit und klimatische Verhältnisse es zulassen. Der Spargelanbau im niederrheinischen Walbeck, auch einer mit EU-Siegel, lässt sich geschichtlich eindeutiger nachverfolgen, weil er dokumentiert ist.

Alles beginnt in den 1920er Jahren mit dem Generalstabsoffizier und Major a. D. Dr. Walther Klein-Walbeck, der rund um sein Schloss Walbeck erste Versuche startete, auf seinen Äckern Spargel anzubauen – so, wie er es in Belgien gesehen hatte. Denn die milden Temperaturen und sandige Böden der Endmoräne eines eiszeitlichen Gletschers schufen ideale Wachstumsbedingungen entlang der holländischen Grenze von Goch bis Herongen.

Zunächst wurde der innovative Anbau des ehemaligen Offiziers und Juristen von den gestandenen Landwirten als Experiment eines „studierden Buur" zwar kritisch beäugt, doch nicht lange. Sobald sie feststellten, dass der Spargel auf derselben Fläche mehr Geld einbrachte als Roggen und Kartoffeln, war der Bann schnell gebrochen.

Die Vorteile für den Bauern liegen auf der Hand: Wenn die Stangen mühelos durch den lockeren Sand nach oben schießen können, bleibt ihre faserige Struktur besonders gut erhalten und garantiert den sehr feinen, um nicht sogar zu sagen eleganten Geschmack, für den der hiesige Spargel weit über den Niederrhein hinaus bekannt ist.

Natürlich ist der Geschmack auch eine Frage der Spargelsorte, und die sind schon lange nicht mehr dieselben wie zu den Zeiten des Generalmajors a. D. Damals trugen sie stolze Namen wie „Schwetzinger Meisterschuss" oder „Ruhm von Braunschweig", mussten aber nach dem Zweiten Weltkrieg der „Huchels Leistungsauslese" weichen, die noch besser mit den Walbecker Verhältnissen zurechtkam. Eingeführt hatte sie ihr Erfinder selbst, ein Spargelzüchter aus Ostdeutschland, der 1953 aus der DDR geflüchtet war. Rund zehn Jahre brauchte der später als Spargelprofessor über die Grenzen NRWs bekannte Huchel, um seine Sorte in Walbeck zu etablieren und die Leistungsauslese blieb bis in die 1990er Jahre unangefochten der Platzhirsch am Niederrhein.

Dann präsentierten die Niederländer aus der Provinz Limburg ihre neuen Sorten, die früh und spät in der Saison von April bis Juni gut wachsen und gedeihen und, trotz so eigenartiger Bezeichnungen wie Frühlim, Backlim und Gijnlim, deutlich mehr Ertrag bringen, als die Huchelauslese leisten kann. Diese und andere Sorten aus den Niederlanden, die wegen ihrer provinziellen Herkunft alle auf der Silbe „lim" enden, hatten von da an schnell ganz NRW erobert. Auch eine Leistung.

Geschmacklich gibt's nichts daran auszusetzen, aber trotzdem ist es gut zu wissen, dass einige örtliche Spargelfans in Walbeck nicht wollen, dass der Huchel-Spargel gänzlich untergeht. Zu denen gehören im Verein Walbecker Huchelspargel 2015 e. V. der Orchideenzüchter Matthias Bremkens, Thomas Deckers, der kochende Inhaber des schon immer ersten Hauses am Marktplatz, und Thomas Dercks vom gleichnamigen Spargelhof. Dort wird noch auf drei Hektar die echte Huchelauslese kultiviert und im Haus Deckers während der Saison (neben dem obligatorischen Backlim) hundertkiloweise „auf den Punkt gekocht" unter die begeisterten Gäste von nah und fern gebracht. „Auf den Punkt" heißt hier übrigens „weich", weil das schon immer so war. Aber Gäste, die den Spargel lieber etwas bissfester haben, können ihn auch so bestellen, und es wird trotzdem darauf geachtet, obwohl es früher anders war.

Im direkten Vergleich gefällt mir der Huchel besser. Er schmeckt etwas kräftiger, die typischen Spargelaromen sind harmonisch ausgewogen – und diese unnachahmliche Eleganz im Abgang! Das macht ihm so schnell kein anderer Spargel nach. Obwohl natürlich auch die anderen Sorten hier zu ähnlicher Klasse auflaufen, die Walbeck zu Recht seinen Ruf als ausgezeichnete Spargelregion eingebracht haben.

Ganz ohne geschichtlichen Hintergrund muss der Spargelanbau im Münsterland bis hinunter zum nördlichen Ruhrgebiet auskommen. Dass auf den mittelschweren Böden mit weniger Sand und mehr Lehmanteil und trotz der kühleren Witterung heutzutage sogar richtig guter Spargel wachsen kann, hat wieder mit den neuen Sorten und dem Klimawandel zu tun.

Und beim Spargelhof Schulte-Scherlebeck in Herten, hier stellvertretend für die anderen Spargelbauer dieser Region genannt, hat es konkret mit den Eltern der heutigen Besitzerbrüder zu tun. Die aßen einfach gerne Spargel, probierten verschiedene Sorten aus und stellten fest, dass es funktionierte und auch Kunden kamen. Daraus wurde ein stattlicher Hofbetrieb mit Hofladen, in dem neben dem Spargel auch Erdbeeren und ein erstklassiger Rhabarber sowie westfälische Spezialitäten angeboten werden. Und Kaffee mit Kuchen aus der eigenen Backstube.

Bleiben wir beim Spargel; der ist so, wie man ihn eigentlich nur mehr von früher kennt: dicke Stangen, kräftig im Geschmack und mit den eben auch zum Spargel gehörenden Bitternoten, die sich aber wunderbar in die gesamte Aromatik einfügen, ohne sie zu stören.

Fazit: Es gibt möglicherweise viele Gründe, Spargel aus anderen Gebieten Deutschlands oder dem benachbarten Ausland statt aus unserem Bundesland zu kaufen.
Mir fällt nur gerade keiner ein.

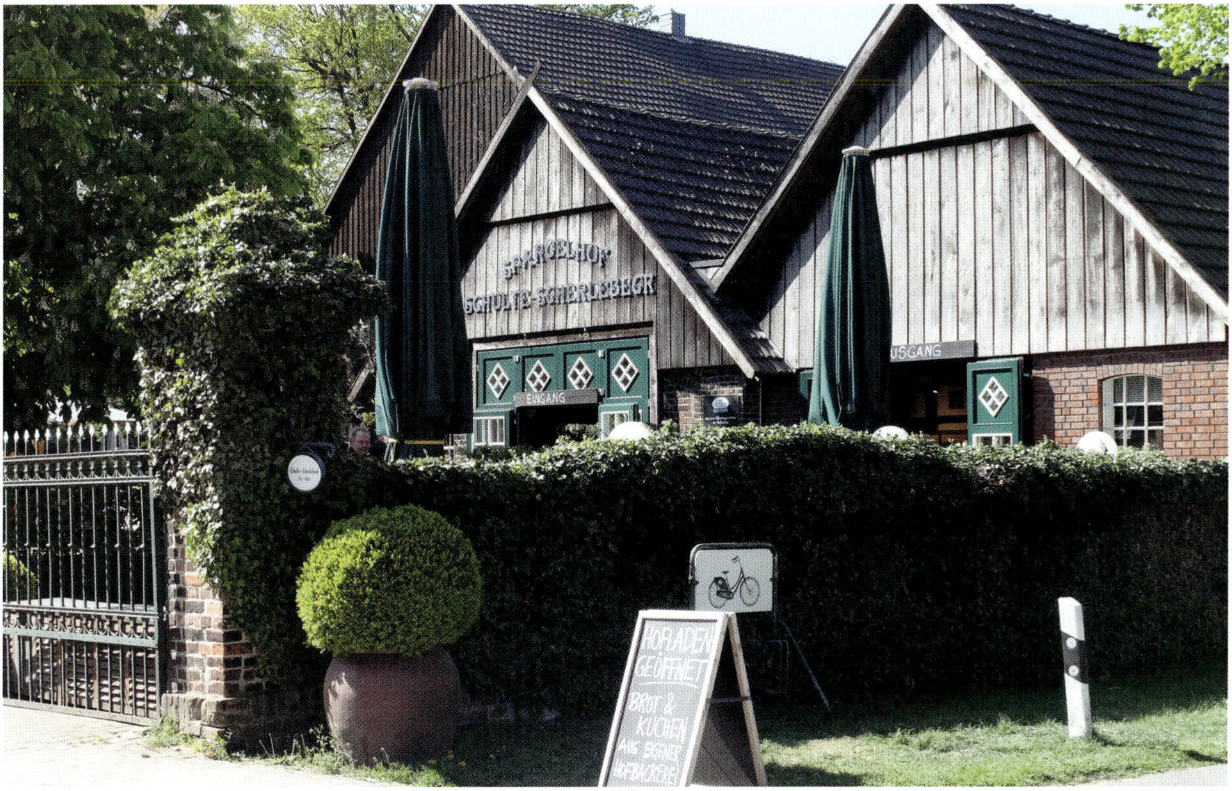
SPARGELHOF
SCHULTE-SCHERLEBECK
EINGANG
USGANG
HOFLADEN
GEÖFFNET
BROT &
KUCHEN
AUS EIGENER
HOFBACKEREI

Hucheispargel

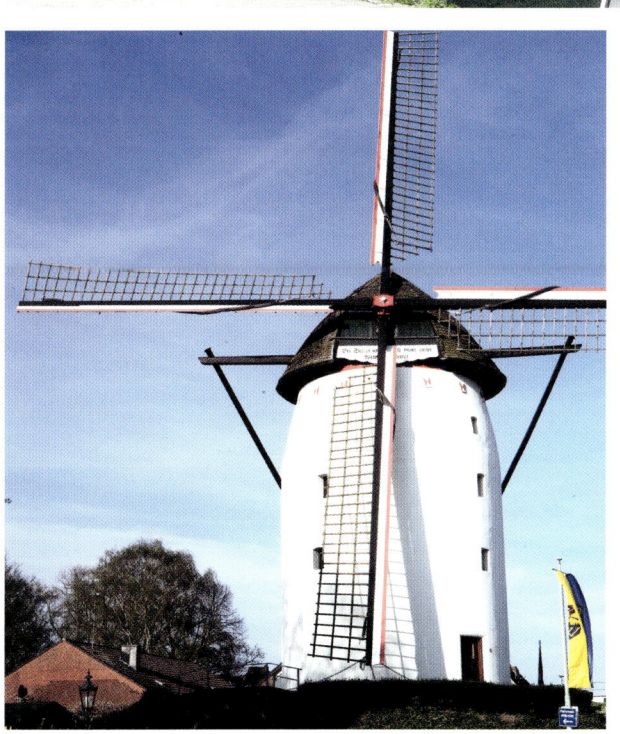

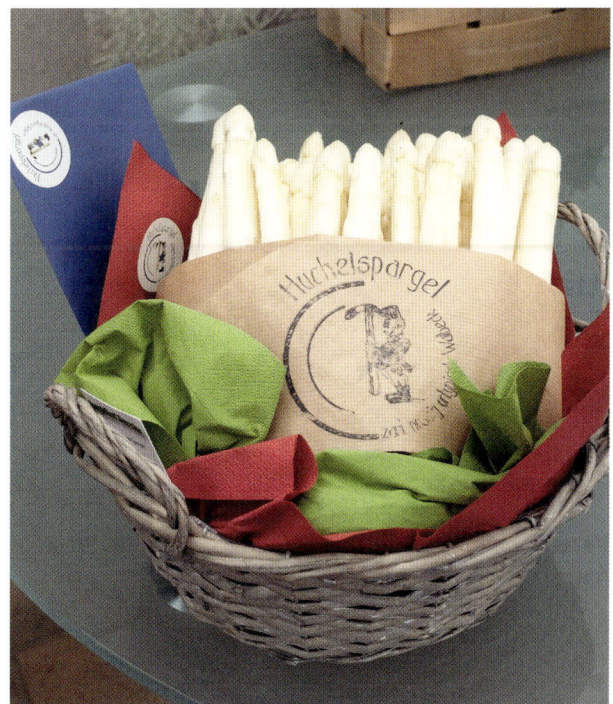

KORN

Ein Schnaps, ein Wort. Als einziges Destillat der Welt ist der Korn so ehrlich, dass er den Rohstoff, aus dem er gebrannt wird, im Namen trägt. Nur Weizen, Gerste, Hafer, Roggen oder Buchweizen kommen als Grundzutat in Frage, wobei der westfälische Korn meist aus Weizen und Roggen gewonnen wird. Also Getreide und sonst nichts, außer natürlich der Erfahrung und der handwerklichen Kunst des Brennmeisters, der für die Qualität der Rohstoffe und die präzise Destillation verantwortlich ist.

Diese Ehrlichkeit des deutschen Korns ist als einzige Spirituose sogar gesetzlich geschützt. Es darf nicht mit Neutralalkohol aus anderen Rohstoffen verschnitten werden, nicht gezuckert und nicht aromatisiert. Ein Korn (32 %) oder ein Kornbrand (mind. 38 %) soll nach dem schmecken, was drin ist und sonst nach nichts. Wobei das schon sehr viel ist, wenn man sich auf ihn richtig einlässt und ihn zu schmecken weiß.

Historisch kann der Korn, der bei uns zum Großteil aus Westfalen kommt, mit 500 Jahren Tradition punkten. Noch ein Grund, auch ein bisschen stolz auf dieses großartige Getränk aus unseren Landen zu sein. Gönnen Sie ihm mal wieder etwas mehr Aufmerksamkeit, auch wenn andere Trendspirituosen à la Gin und Wodka mit ihren ausgeklügelten Marketing-Strategien mehr Wind machen und moderner daherkommen.

Vertrauen Sie mir und besonders den erfahrenen Brennmeistern der hier vorgestellten Kornbrennereien, deren leidenschaftlicher Umgang mit dem Korn an sich eine erstaunliche Vielfalt an verschiedenen Bränden hervorbringt: Jeder allein mit so eigenem Charakter wie sein Brenner selbst, aber auch alle zusammen eine Klasse für sich.

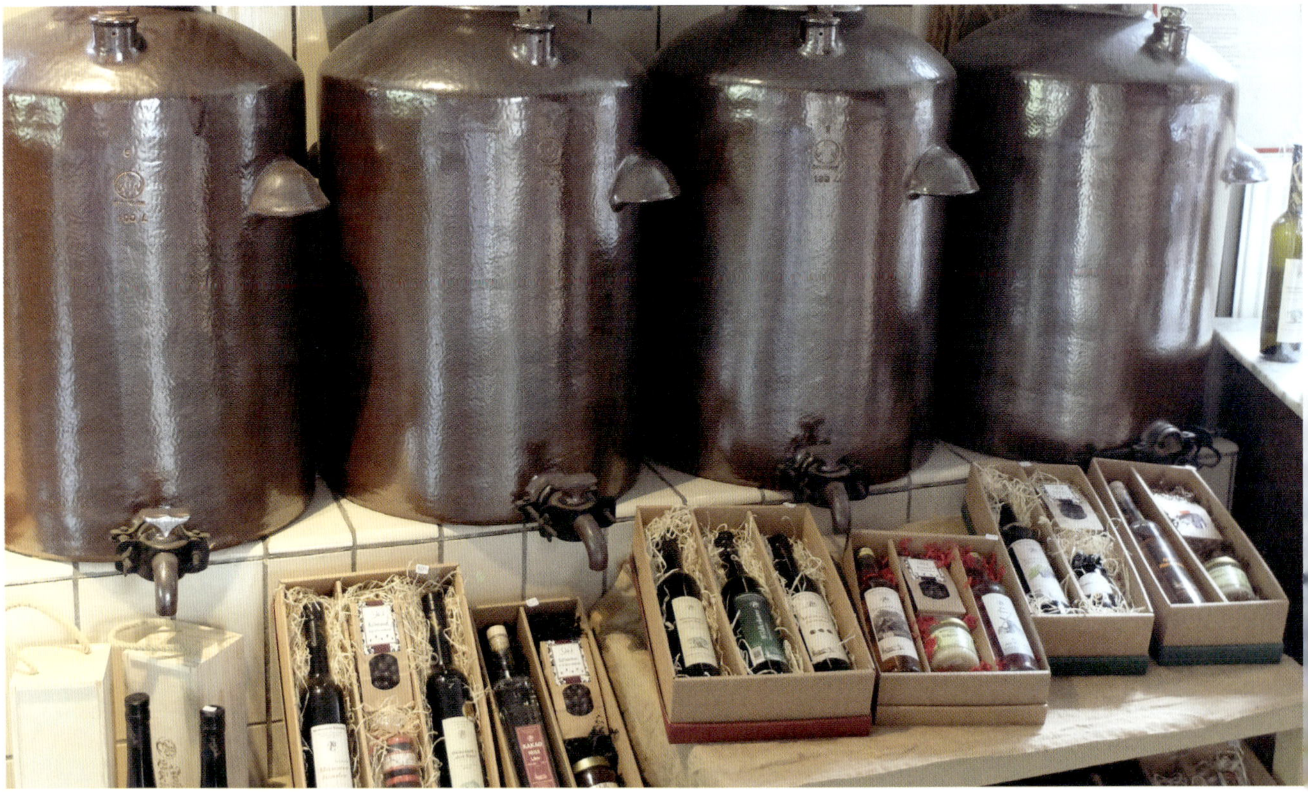

DinkeL
Mehl
EMMER

Johannes Böckenhoff
gegründet 1802

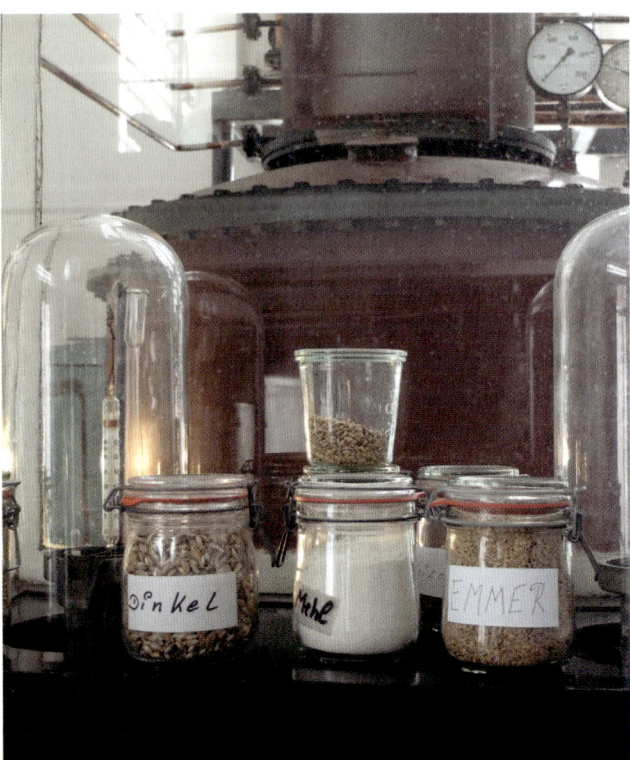

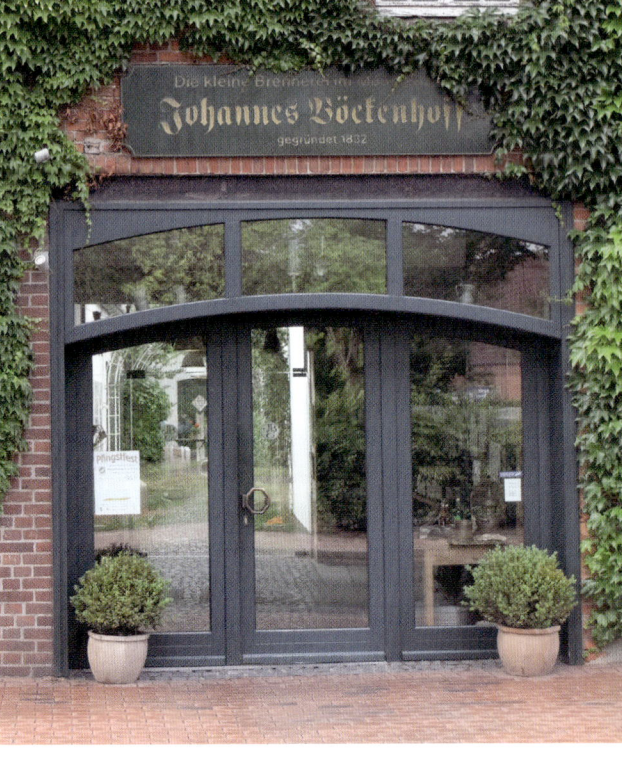

MÜNSTERLÄNDER OBST UND KORN
DIE BRENNEREIEN BÖCKENHOFF

Kornbrennerei Böckenhoff
Kirchplatz 2
46348 Raesfeld-Erle
Tel.: 02865 217

Obstbrennerei Dirk Böckenhoff
Kirchhellener Allee 143a
46282 Dorsten
Tel.: 02362 602402
www.kornbrennerei-boeckenhoff.de

Zu den Spezialitäten Nordrhein-Westfalens zu fahren, kann auch oft ein interessanter Ausflug in Sachen Heimatkunde sein oder zu Sehenswürdigkeiten mit sonderbaren Geschichten führen, die man so vielleicht noch nie gehört hat oder sie gar nicht für möglich gehalten hätte.
Der Weg zur Kornbrennerei Böckenhoff in Raesfeld, seit ihrer Gründung im Jahr 1862 nun bereits in sechster Generation im Familienbesitz, führt im Stadtteil Erle an einer uralten Eiche vorbei, die dazu noch eine Femeiche ist. Das wiederum ist keine besondere Gattung dieser Baumsorte, sondern eine Eiche, unter der in früheren Zeiten das Erler Femegericht tagte, das 1441 einen Herrn Gert von Diepenbrock und zwei seiner Knechte wegen Schöffenmord verfluchte und in Abwesenheit für vogelfrei erklärte, womit man die drei an jeden erstbesten Baum hätte aufhängen dürfen.
Wie alt die mächtige Eiche wirklich ist, deren schiefer Stamm innen völlig hohl ist und die nur noch wegen hölzerner Stützbalken überhaupt stehen kann, weiß niemand so genau. Es könnten bis zu 1500 Jahre sein, nach Schätzungen des Deutschen Baumarchivs sind es aber wohl rund 850 Jahre, was immer noch für den Titel Deutschlands älteste Eiche reichen würde. Ebenso rätselhaft ist, warum sie trotz ihres erheblich ramponierten Zustands in jedem Jahr wieder grüne Blätter trägt.
Kein Geheimnis ist dagegen die außergewöhnliche Qualität der Korn- und Obstbrände der Brennerei Böckenhoff im selben Ort. Selbst der Rohalkohol wird hier noch aus hofeigenem Getreide in der Brennanlage hinter dem kleinen Lädchen destilliert und anschließend im zweiten Brenndurchgang zu edlen Spirituosen verfeinert.

Natürlich geht hier kein Weg an den lupenrein gebrannten Kornbränden vorbei. Der „Kristall"-Korn in der klassischen grünen Flasche der Brennerei ist ein Weizen, dessen grundsätzlich leicht malzige Milde durch etwas Zugabe von ganz wenig Roggen gekräftigt wird. Neben den im Fass gelagerten Körnern sind aber auch die Brände aus anderem Getreide einen Schluck wert. Beim Roggenbrand kommt der herb-getreidige Charakter dieser Kornsorte besonders gut zur Geltung, ebenso wie der Wacholder beim gleichnamigen Schnapsklassiker.

Eine Klasse für sich sind allerdings auch die Obstbrände der Hofbrennerei in Dorsten, wo Dirk Böckenhoff sein großes Faible für erstklassige Obstbrände auslebt, die sich problemlos mit den Erzeugnissen der Obstler-Hochburgen am Bodensee und im Schwarzwald oder sogar in Südtirol und Österreich messen können.

Da Böckenhoff bei seinen Obstdestillaten Wert auf die puren Aromen des Obstes legt, nutzt er die legale Schönung, Brände mit bis zu zehn Gramm Zucker pro Liter nachzusüßen, erst gar nicht aus. Wenn zum Beispiel die Zuckerwerte seiner Äpfel und Birnen für den abgerundeten Geschmack seines Obstlers nicht ganz ausreichen, hilft er eben mit etwas hauseigenem Zwetschgenbrand nach. Bei seinen reinsortigen Bränden aus Sorten wie Williams-Birne, Sauerkirsche oder sogar Mirabelle reicht es immer mit dem puren Obst zu Qualitäten, die man so, wie die Femeiche, wohl im Münsterland nicht vermuten würde.

NORTHOFF IN HULTROP

Northoff Feinbrennerei
Hultroper Dorfstraße 21
59510 Lippetal
Tel.: 02527 9311-0
www.feinbrennerei-northoff.de

So wie sie da verkehrsgünstig direkt an der Hultroper Dorfstraße liegt (unromantisch: B 475 in Richtung Soest), die Kornbrennerei Northoff im ländlichen Lippetal, kann man sich schon gut vorstellen, was sie vor mehr als 200 Jahren einmal war: ein königlich preußisches Postamt, nachgewiesen mit einem echt historischen Posthaus-Schild, das den preußischen Adler mit Krone, Zepter und Reichsapfel über dem Posthorn zeigt. Und die Jahreszahl 1787.

200 Jahre lang war Hultrop eine der Poststationen entlang der königlich-preußischen Postverbindung von Berlin nach Kleve, wo eben nicht nur die Depeschen hingebracht und abgeholt wurden, sondern auch Pferde und Reiter versorgt werden mussten.

Schon damals unterhielten die Vorfahren der heutigen Northoffs genau hier einen landwirtschaftlichen Betrieb, in dem sie die Poststation beherbergten. Da war es da wohl nur folgerichtig, auch eine Gaststätte einzurichten – und gleich eine Kornbrennerei dazu, weil ja genug Getreide angebaut und sogar die beim Brennen anfallende Schlempe, also die übrig gebliebene Maische, als wertvolles Futter fürs Vieh genutzt werden konnte.

Die Gaststätte gibt es auch heute noch, und in der Gaststube im echten 70er Jahre-Ambiente hängt nicht nur neben schönen alten Fotos aus vergangener Zeit das historische Postschild als Original, hier kann man auch bei einer gemütlichen Rast sämtliche Spezialitäten der Brennerei durchprobieren.

Nach wie vor ist die Brennerei ein echter Familienbetrieb, in dem neben Stefan Northoff (ein diplomierter Molekular-Biotechnologe, der die Geschäfte seit 2013 führt) selbstverständlich die Eltern und ansonsten nur langjährig vertraute Mitarbeiter beschäftig sind, die auch persönlich gut zur Familie und ihrer Brennphilosophie passen. Die wiederum basiert auf der erstklassigen Qualität des Rohalkohols, der hier im Gegensatz zu vielen anderen Brennereien eben noch vor Ort und ausschließlich aus regionalem Getreide destilliert wird.

Dieses wird in einem Henzedämpfer zunächst mit Wasser und unter Druck aufgeschlossen, bevor diese Maische unter Zugabe von Malz, Hefe und Enzymen bis zu 96 Stunden lang vergoren und dann im ersten Brenndurchgang zum Rohbrand destilliert wird. Anschließend erfolgt im zweiten Brenngang die Verfeinerung zu reinem Alkohol von bis zu 96,8 Volumen-Prozent, bei der im Vor- und Nachlauf minderwertige Alkoholfraktionen abgeschieden werden und das hochwertige Ethanol aus dem Mittellauf als Basis für die künftigen Spirituosen gewonnen wird.

Welch großer Vorteil es ist, dass Stefan Northoff bereits beim Brennen des Rohalkohols Einfluss auf die geschmackliche Charakteristik des späteren Korns hat, zeigt sich schon im klaren Nordhoff-Korn, der selbst bei nur 32 % neben seiner typischen Milde einen leicht herzhaften Einschlag hat, der beim Doppelkorn von 38 % noch deutlicher zur Geltung kommt. Beides sehr gelungene Exemplare westfälischer Korn-Tradition, wie sie im Buche steht.

Noch deutlicher wird Northoffs Handschrift bei seinen Bränden, die er zum Teil in unterschiedlichen Holzfässern reifen lässt oder die unter dem Label „1787" abgefüllt werden. Das sind Destillate aus Mais, Weizen oder Gerstenmalz, bei denen die Unterschiede der jeweiligen Getreide noch im fertigen Brand eindeutig zu schmecken sind. Senior Wilhelm Northoff wusste übrigens schon in den 1960er Jahren, wie man auch in Westfalen einen geradlinigen London Dry Gin erster Klasse hinbekommt. Den gibt es aber nicht im Onlineshop, sondern nur vor Ort. Dafür aber zu einem Preis, der das insgesamt sehr moderate Preisniveau der Northoff-Destillate noch einmal in den Schatten stellt.

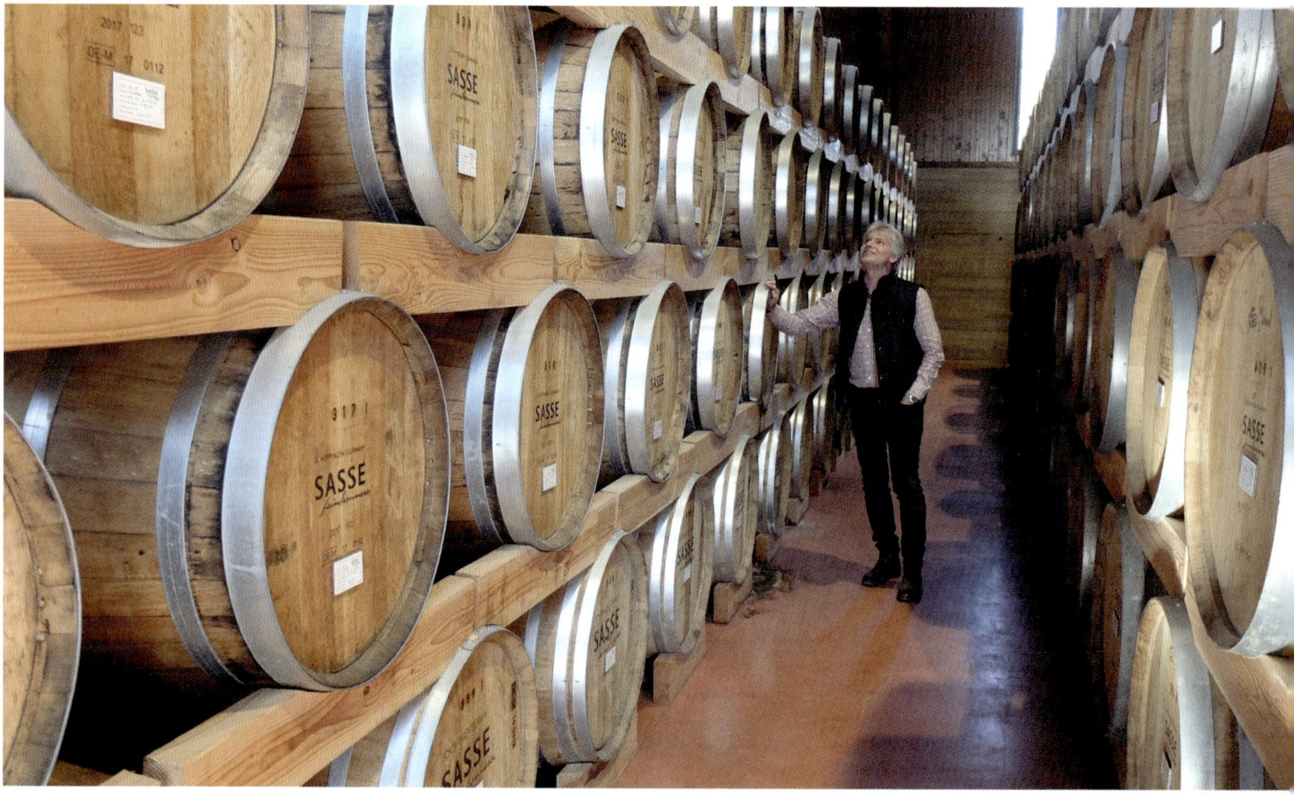
SASSE
feinbrennerei

SASSE

Giraud
4 1 1 1
SCHÖPPINGEN | GERMANY
SASSE
feinbrennerei
Destillat Typ A Bio SASSE
Rohstoff Bio Roggen/Malz
Faß-Nr. 2017 - 053
Datum Faßbefüllung 20. 06. 2017
Probenentnahme am
Datum Destillat Jahr 2017

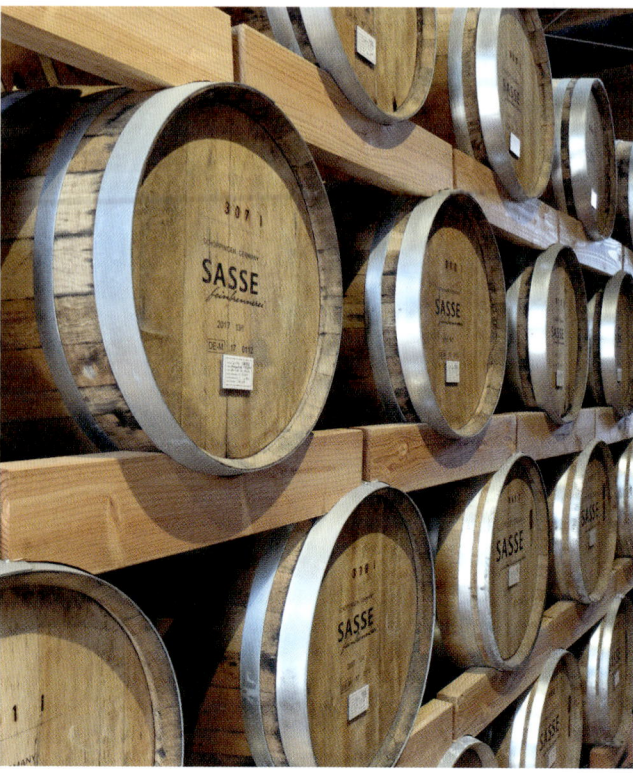

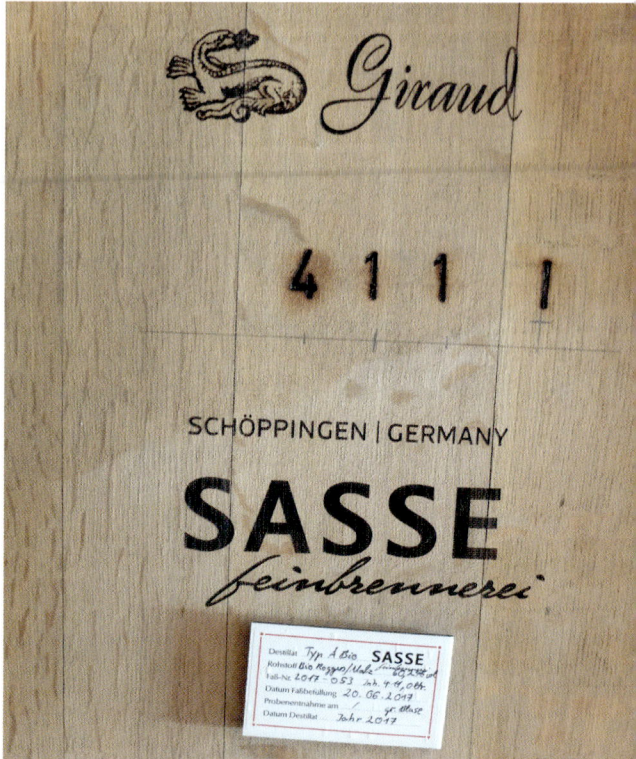

SASSE FEINBRENNEREI

Sasse Feinbrennerei
Düsseldorfer Straße 20
48624 Schöppingen
Tel.: 02555 99 74-0
www.sassekorn.de

Entgegen dem eher zurückhaltenden Charakter der von der ländlichen Ruhe geprägten Menschen des Münsterlandes sind die leisen Töne eher nicht Sache der Homepage der Sasse Feinbrennerei. „German True Korn Pioneers" prangt dort über dem stimmungsvollen Foto des Fasslagers, das genauso gut aus einer schottischen Single Malt Distillery oder einer Bourbon-Brennerei in Kentucky stammen könnte. „True craft, true love" – Junge, Junge, geht's nicht auch eine Nummer kleiner?

Andererseits, warum eigentlich nicht mal mit offensivem Marketing zeigen, in welcher Liga erstklassiger Korn problemlos mitspielen kann? Nämlich in derselben Liga wie berühmte Whisky-Sorten, die ja auch „nur" aus Getreide gebrannt werden. Sie entwickeln ihren Charakter auch erst über jahrelange Lagerung in Holzfässern – und genau da setzt Rüdiger Sasse mit seinen unterschiedlichen Korn-Destillaten an.

Auch Sasse, übrigens ein in sich ruhender, typischer Münsterländer, dessen Sache die lauten Töne persönlich eher nicht sind, setzt neben der Qualität des Getreides und der Präzision des Brennvorgangs für seine Lagerkorns auf den Einfluss der Holzfässer und den von Zeit und Geduld.

Sein jüngster, gleichzeitig auch sein erster dieser Art, ist der Münsterländer Lagerkorn®. Geht tatsächlich auf eine Schnapsidee zurück.

Ob diese Geschichte sich nun genau so zugetragen hat, wie Rüdiger Sasse sie selbst gerne erzählt, spielt eigentlich keine Rolle. Denn falls nicht, ist sie so schön erfunden, dass man sie gerne glaubt und weitererzählt:

Als 1985 die Sasse Feinbrennerei nach über 300 Jahren Familientradition wie so viele andere westfälische Kornbrennereien wirtschaftlich auf der Kippe stand, suchte der damals erst 16-jährige Rüdiger nach Perspektiven. Die sah er zusammen mit seinem Vater Ernst eben nicht in der Produktion von Billigschnaps für preiswerte Gedecke trinkfreudiger Herrenrunden, sondern in der Rückbesinnung auf handwerkliches Brennen und hohem Qualitätsanspruch. Als die beiden dann noch eine Flasche Lagerkorn des Urgroßvaters Theo Sasse fanden, der wie damals üblich in Holzfässern gelagert wurde, war die Idee in der Welt – und 10 Jahre später der erste neue Lagerkorn in der Flasche.

Seine Kennzeichen: aus einheimischem Getreide mit einem hohen Malzanteil doppelt gebrannt. Feinbrand, u. a. in einer legendären Becker-Beckum-Pot Still-Brennblase. Drei Jahre in Barriques aus der französischen Charente gereift, die vorher lange mit Cognac belegt waren. Aus verschiedenen Fässern zum gewünschten Charakter vereint und noch einmal ein Jahr lang im Fass gereift. Ja, jetzt erst einmal Luft holen, und ein Blick ins Glas: strohgelb leuchtet der Lagerkorn, der als einziger deutscher Korn die eigentlich aus der Cognac-Region stammende Bezeichnung V.S.O.P. tragen darf, „very special old pale". Schmeckt nicht nach Cognac und übrigens auch nicht nach Whisky, sondern im Hintergrund immer noch im besten Sinne nach Getreide, flankiert von der ganz leichten Süße des Malzes, bereichert durch würzige Noten des Holzeinflusses, ausklingend mit der geschmeidigen Eleganz, die nur lange Lagerung mit sich bringt.

Natürlich spielt der Korn auch preislich in einer höheren Liga als die anderen Westfalen, aber noch lange nicht da, wo sich die weitaus berühmteren Whiskys tummeln.

Diese Preisklasse ist den sensationellen Sonder-Editionen der Feinbrennerei vorbehalten: z. B. der letzte Brand des Urgroßvaters von 1972, T.S. privat, mehr als 20 Jahre fassgelagert oder Rüdiger Sasses eigenes Meisterwerk: das Beste seines Lagerkorns mit zusätzlich vierjährigem Finish im original Barrique des Chateau Latour in Bordeaux. Mon dieu! Das ist der feinste Cognac, den ich je im Glas hatte. Ja, Sie haben richtig gelesen.

Seit alters her wird die Wacholderbeere oder das aus ihr gewonnene ätherische Öl in der Volksmedizin als Heilmittel z.B. bei Magen- und Darmstörungen, Wassersucht, Katarrhen und rheumatischen Beschwerden verwendet. Schon frühzeitig benutzte man auch die Würzkraft der Beere zur Herstellung besonderer Branntweine z.B. des Schlichte. Die Wirkung beruht auf dem Gehalt der Früchte an Duftstoffen und aromatischen Terpenen, die in Verbindung mit dem Fruchtzucker und den Säuren der Beere eine harmonische Geruchs- und Geschmackskomposition ergeben.

Im Hause Schlichte wird ein Branntwein hergestellt, der als die älteste Steinhäger-Marke unter den Steinhägern einen besonderen Platz einnimmt und sich infolge sorgfältigster Abstimmung des Aromas durch feines Bukett und große Bekömmlichkeit auszeichnet.

Nur ächt in der Kruke
STEINHÄGER

H. W. Schlichte Steinhäger- u. Kornbrennerei
Brockhagener Str. 40
33803 Steinhagen
Tel.: 05204 4313
www.schwarze-schlichte.de

Brennerei zum Fürstenhof
Bergstraße 6, 33803 Steinhagen
www.kisker-brennereien.de

Ähnlich wie beim Ganz Alten Schneider (siehe Seite 40) muss man schon beim Anblick einer Kruke aus Steingut mit echtem Steinhäger nostalgisch werden, vor allem, wenn man noch die 1960er und 70er Jahre selbst erlebt hat. Gut, da war ich noch zu jung, um ihn zu trinken, aber gefühlt tranken ihn eigentlich alle Erwachsenen, jedenfalls die Männer, wenn ein guter Wacholder zur Verdauung ranmusste. Und gefühlt war es auch immer ein „Schlichte Steinhäger", deren legendäre Riesen-Aschenbecher in jeder Kneipe auf dem Stammtisch standen, als noch richtig gequalmt wurde und klare Schnäpse im Ruhrgebiet und Westfalen noch zu den Grundnahrungsmitteln gehörten.

Dass gerade der Wacholder auch als gesund galt, hat mit den Beeren zu tun, die schon vor hunderten von Jahren massenhaft in der Lüneburger Heide und am Rande des Teutoburger Waldes wuchsen. Bereits anno dunnemals beobachteten Schäfer, dass Schafe vergorene Wacholderbeeren bevorzugten, wenn es ihnen schlecht ging, und diese zu helfen schienen. Also setzten sie aus vermaischten Beeren einen Wacholderlutter an, als Heilmittel gegen Leib- und Magenbeschwerden. Als sie das später noch einmal zusammen mit Korn-Alkohol destillierten, wurde daraus der Wacholder als Vorläufer des Steinhägers.

Der darf nur so heißen, wenn er tatsächlich in der westfälischen Gemeinde Steinhagen gebrannt wird, und das dürfen nur noch zwei ortsansässige Brennereien: die Brennerei zum Fürstenhof und die Schlichte Steinhäger- und Kornbrennerei.
Wobei der Schlichte Steinhäger einer der berühmtesten deutschen Schnäpse aller Zeiten ist, von dem zu seiner wirtschaftlichen Blüte in den Nachkriegsjahren weltweit sage und schreibe rund 15 Millionen Flaschen verkauft wurden. Ob das an den legendären Werbeslogans wie „Trinke ihn mäßig, aber regelmäßig" oder „Zwicken dich die Nieren, muss du sie mit Schlichte schmieren" lag? Wir wissen es nicht, aber bald darauf läutete außerörtliche Billigschnaps-Konkurrenz den wirtschaftlichen Niedergang der ehemals 20 Brennereien in Steinhagen ein, die es allerdings verpasst hatten, ihren guten Ruf zu schützen und dem zum „Schnaps der alten Leute" gewordenen Steinhäger ein besseres Image zu verpassen.

Dass es den Schlichte Steinhäger heute überhaupt noch gibt, ist der letzten Besitzerin Annette Schlichte zu verdanken, die es sich zur Lebensaufgabe gemacht hatte, die Tradition des Steinhägers am Leben zu erhalten, und der ebenfalls traditionsreichen Friedrich Schwarze GmbH in Oelde, die neben eigenen Spirituosen und Bränden ja auch den Ganz Alten Schneider gerettet hat, den Schlichte vermarktet.

Annette Schlichte starb kinderlos und vererbte ihr gesamtes Vermögen an ihre Stiftung zur Unterstützung hilfebedürftiger Kinder, Jugendlicher und alter Menschen aus Steinhagen sowie der Wahrung des Brauchtums und der Heimatgeschichte des Ortes. Dass der Schlichte Steinhäger damit der Stiftung gehört, ist eine weitere Fußnote der Geschichte dieses bemerkenswerten Hochprozenters. „Saufen für einen guten Zweck" merkt da der Stiftungsvorsitzende Rainer Scharmann ganz im Sinne der früheren Werbeslogans an.

Ich füge gerne hinzu, dass dieser qualitativ völlig zu Unrecht aus der Mode gekommene Steinhäger ein lupenrein doppelt gebrannter Wacholder mit bemerkenswert klarer Stilistik ist, der zu einem schon fast schmerzhaft niedrigen Spottpreis verkauft wird, obwohl er jedem Vergleich mit klassischem Gin lässig standhält.

Gleiches gilt für den zweiten Steinhäger im Bunde, der von der kleinen Brennerei zum Fürstenhof kommt, wo der ebenso empfehlenswerte Feingeist noch nach dem Original-Rezept des Gründers aus dem Jahre 1909 gebrannt wird.

An beide könnte ich mich gewöhnen.

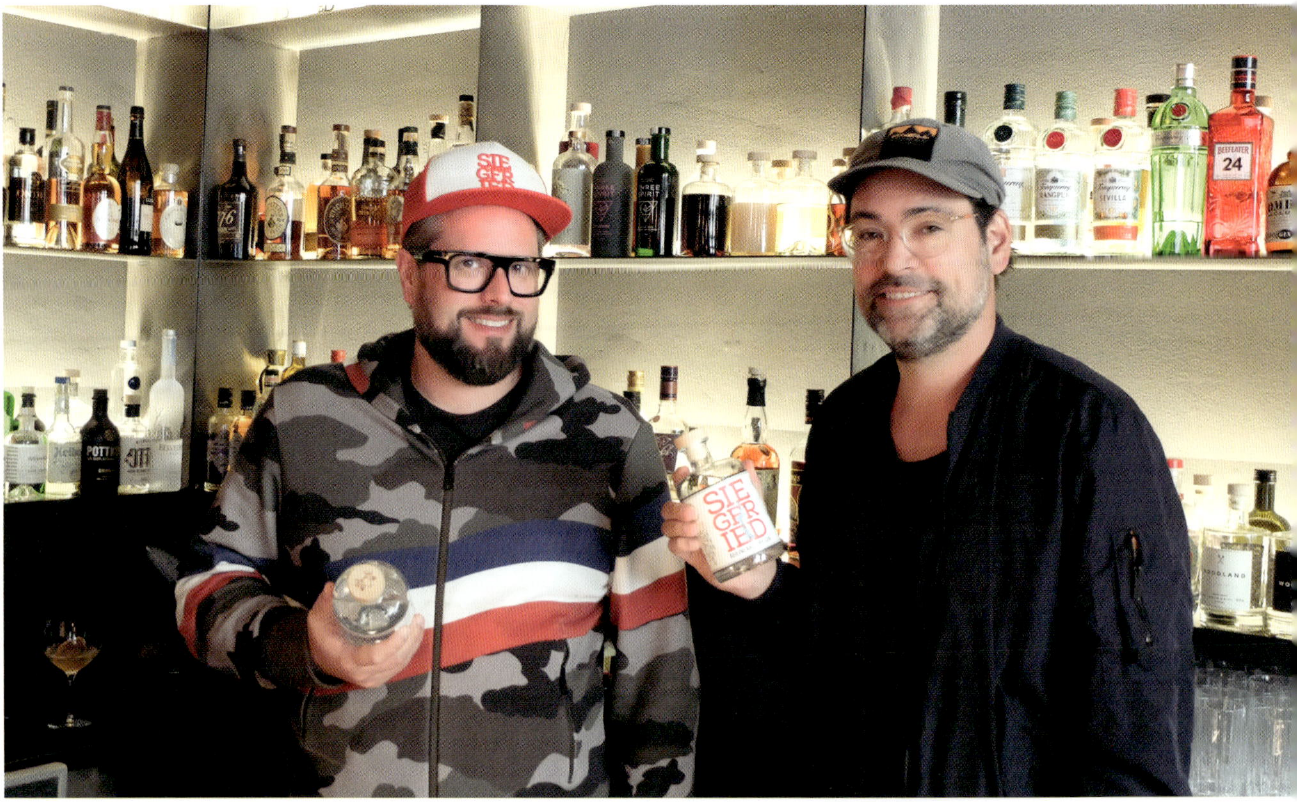

DIE RHEINLAND DISTILLERS

Rheinland Distillers GmbH
Mozartstr. 24
53115 Bonn
Tel.: 0228 24992504
www.siegfriedgin.com

Wie bei vielen Start-ups in Sachen Gin stand auch am Anfang des „Siegfried" eine Schnapsidee, wie sie unter gut befreundeten Männern am späteren Abend und meist unter dem Einfluss alkoholischer Substanzen aufkommt. Bei Raphael Vollmar und Gerald Koenen war ein ausgedehnter Gin-Abend die Zündung zu ihrem eigenen Gin, frei nach dem Motto „das können wir doch auch". Glücklicherweise waren sie im Gegensatz zu tätowierten Vollbart-Hipstern mit Gin-Fantasien aber doch der Meinung, dabei auf die handwerkliche Erfahrung eines versierten Brenn-Meisters nicht verzichten zu können.

Gebrannt wird der Siegfried nun schon seit 2014 in einer Eifel-Brennerei mit langer Tradition. Sein Steckbrief: 18 Kräuter und Gewürze (neudeutsch: Botanicals), von denen sich aber die meisten nicht in den Vordergrund drängen, sondern sich der deutlichen Wacholdernote, die sich für einen ordentlichen Gin der klassischen London-dry-Kategorie nun mal gehört, abrundend unterordnen. Die Alkoholwaage blieb bei 41 Prozent stehen, weil die aromatische Balance nach mehreren Verkostungsrunden der beiden Bonner mit ihrem Eifler Brennmeister genau bei diesem Grad am besten schmeckte.

Wichtig ist dabei besonders, was alles nicht drin ist: keine Zutaten wie etwa künstliche Aromen und eben kein Zucker. Das dürfte nämlich theoretisch alles rein, da Gin als Spirituose nicht wie der gute alte deutsche Korn gesetzlichen Vorschriften unterliegt, die seine Reinheit garantieren. Auch beim Siegfried bleibt diese Hersteller-Angabe deswegen Vertrauenssache.

Eine besondere Rolle spielt unter den Gewürzen die Lindenblüte als „Leit-Botanical", allein schon wegen der Entstehungsgeschichte, die ja unvermeidlich zu jedem Start-up-Gin gehört. Die führt uns zunächst zu Siegfried, sagenumwobener Held der Nibelungen, der auf dem regionalen Drachenfels südlich von Bonn den Drachen niederrang, um dann in dessen Blut gebadet unverwundbar zu werden. Hat bekanntlich nicht ganz geklappt, weil ein Lindenblatt zwischen seine Schulterblätter fiel, mit tödlichen Folgen. Aber zum Namenspaten für den Gin hat's trotzdem gereicht, und wenigstens hier soll die Lindenblüte nun ein Gewinn sein. Das kann ich bestätigen, obwohl ich ehrlich gesagt gar nicht weiß, wie Lindenblüte schmeckt. Aber wenn der Siegfried auch deswegen so gut gelungen ist, bin ich jedenfalls dafür.

Doch die Lindenblatt-Geschichte ist damit noch nicht zu Ende, sondern geht mit dem „Wonderleaf" weiter, dem weltweit ersten ginartigen Botanical-Getränk ohne Alkohol mit Lindenblatt auf dem Etikett. Das ist keine Sage, sondern war eigentlich ein Aprilscherz. Zu diesem Tag kündigten Volkmar und Koenen aus Jux auf allen Social-Media-Kanälen einen alkoholfreien Gin an. Mit so enormer Resonanz, dass sie tatsächlich darüber nachdachten – und dann mit so durchschlagendem Erfolg, dass sie schon nach zwei Jahren davon fast genauso viele Flaschen verkauften wie vom alkoholhaltigen Siegfried.

Die Kräuter und Gewürze, deren Aromen in zwei aufwändigen Verfahren so destilliert werden, dass kein Alkohol mehr übrig bleibt, sind dieselben wie im Siegfried, allerdings in
völlig anderen Proportionen. Pur ist das nicht erquicklich, aber man kann ihn hervorragend
wie einen Gin Tonic oder für andere alkoholfreie Drinks mixen. Passt aber auch gut in echte Drinks, finde ich – und da bin ich wohl auf einer Linie mit den Siegfried-Erfindern, die
gerne ausdrücklich betonen, dass der Wonderleaf keinesfalls richtigen Gin ersetzen soll.
Beide tragen übrigens Vollbart. Steht ihnen gut.

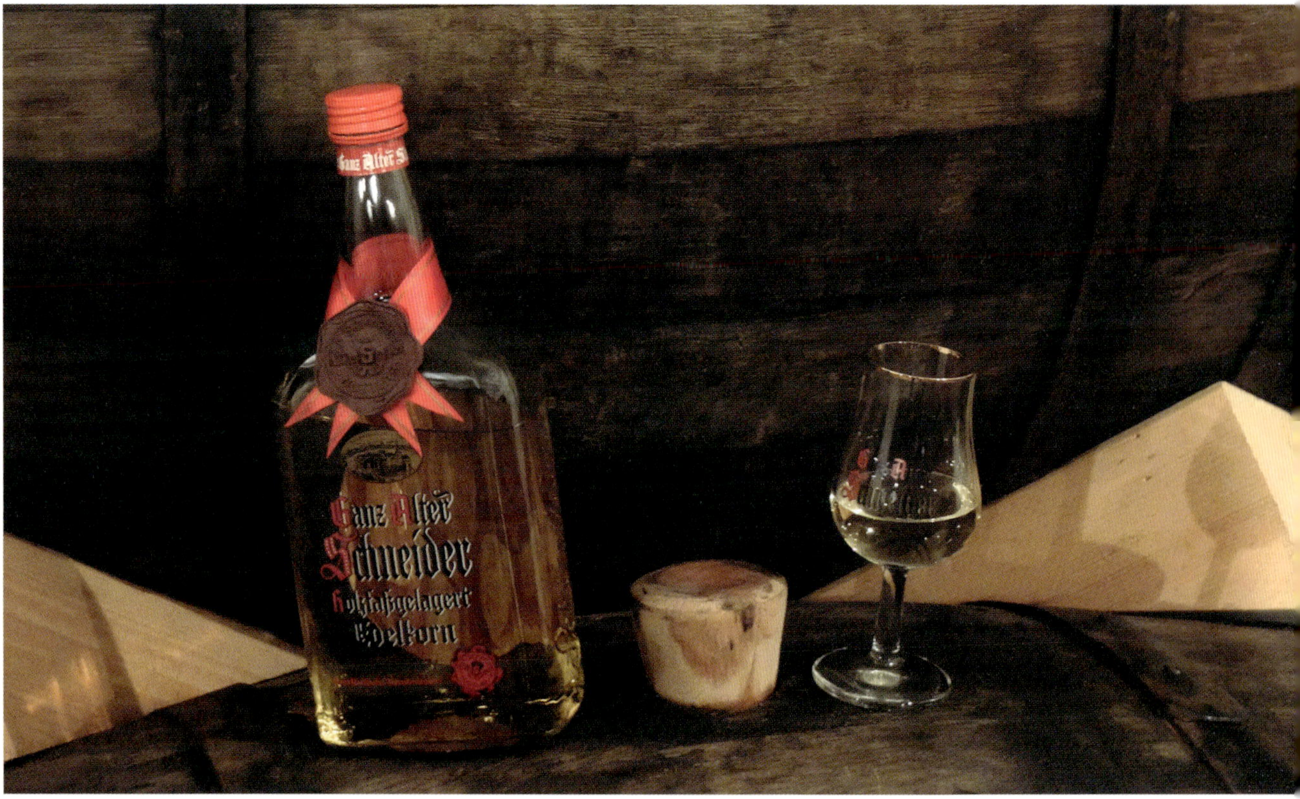
Ganz Alter Schneider
Holzfaßgelagert
Edelkorn

Stammhaus
Friedr. Schwarze
Anno 1797
Seit
1664 wird Joan Schwarze
Brennhaus urkundlich bezeugt

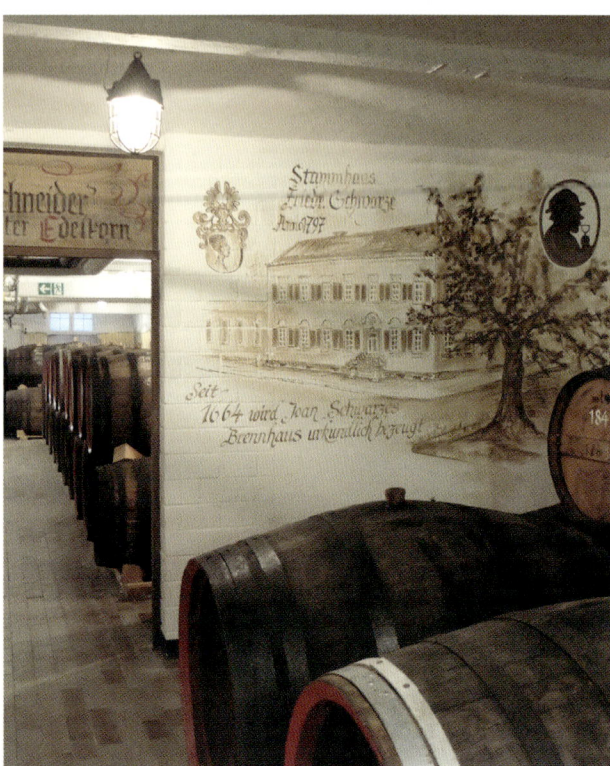

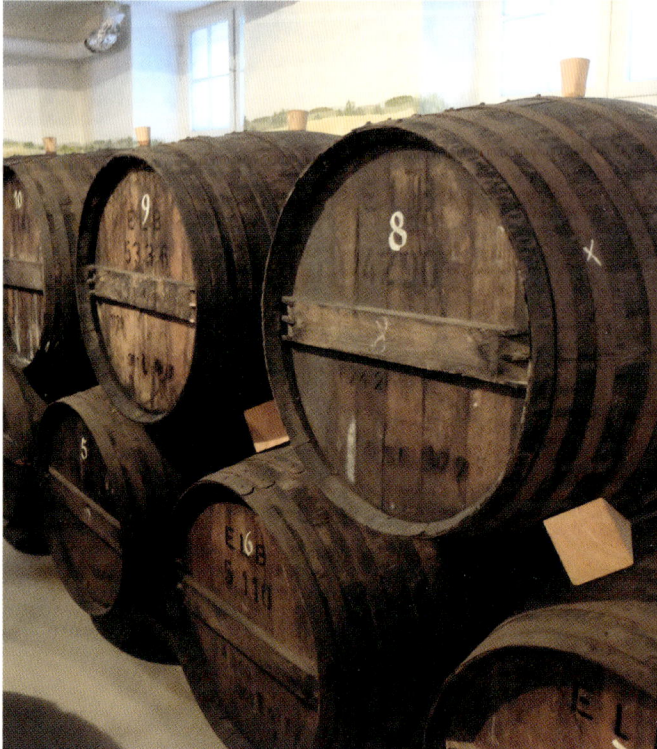

ES WAR EINMAL …

… ein **ganz alter Schneider**, treuer Gefährte vieler Bauern und Handwerker im Sauerland des 19. Jahrhunderts, als das Korn noch als Energieträger und unter hart arbeitenden Männern als unverzichtbares Grundnahrungsmittel galt. Eben auch das flüssige.

Denn dieser Ganz Alte Schneider, der bis heute Wert legt auf die kapitalen Lettern am Anfang jeden Wortes, war, wie man vorschnell denken könnte, niemals selbst ein lebendiger Kumpan seiner Freunde. Stattdessen war es die Bezeichnung für den holzfass-gelagerten Edelkorn der Dampf-Kornbrennerei H&F Schneider, die 1869 im sauerländischen Nuttlar unter dem Namen Schneider&Vieregge „unter dem Eisenhammer" gegründet wurde.

So steht es in der Chronik, und was immer das nun wieder bedeuten mag, es bleibt genauso im historischen Dunkel wie die Antwort auf die Frage, wie der Name dieses Edelkorns zustande kam … Danach wird seine Geschichte trauriger, denn auch diese Brennerei ging nach über 140 Jahren in wirtschaftlichen Krisenzeiten pleite.

Doch wenigstens die zahlreichen Eichenholz- und Sherry-Fässer, in denen zu dieser Zeit noch viel Edelkorn vor sich hinreifte, konnten von der übrigens ebenfalls kornhistorischen Friedrich Schlichte GmbH in Oelde gerettet werden. Darüber, dass der Ganz Alte Schneider dort bis heute nach der Originalrezeptur und aus Getreide von der Sauerländer Börde gebrannt wird, wacht Martin Lingnau, ein so ehrenhafter wie leidenschaftlicher Brennmeister alter Schule, im extra dafür bereitgestellten Kellergewölbe.

Er ist auch verantwortlich für den ausgewogenen Verschnitt der handwerklich gebrannten Destillate aus alten und jungen Fässern, in denen der Korn mindestens zwei Jahre lagern muss, bevor er in die Flaschen mit dem schön altmodischen Etikett und Siegellack um den Flaschenhals abgefüllt wird.

Für Lingnau ist dieses Unikat unter den Körnern des Westens ein whiskyähnlicher Kornbrand, der seine Herkunft aus Weizen und Sauerland aber geschmacklich nie verrät.

Also probieren Sie selbst!

KÄSE

Nach wie vor ist dies das Kapitel dieses Spezialitätenführers durch Nord-rhein-Westfalen, das mich selbst am meisten überrascht hat. Bis ich diese drei Käsereien entdeckte, die Sie nun ganz einfach auf den folgenden Seiten finden können, hätte ich es nicht für möglich gehalten, dass in unserem Bundesland eine solche Käsequalität überhaupt möglich ist.

Guter Gouda kam für mich bis dahin, und das ist noch gar nicht so lange her, ausschließlich aus den Niederlanden. Guter Ziegenkäse in erster Linie aus Frankreich, um nicht gleich zu sagen, nur aus der Provence. Jetzt weiß ich es besser: Warum in die Ferne schweifen müssen, wenn das Gute liegt so nah …
Obwohl, *gut* reicht für diesen Käse aus Münster und Ostwestfalen nicht. Der ist wirklich erstklassig.

HAFENKÄSEREI MÜNSTER

Hafenkäserei Münster 2014 GmbH
Am Mittelhafen 20
48155 Münster
Tel.: 0251 6744000
www.hafenkaeserei.de

St. Pauli liegt zwar nicht in Münster, aber ein Käpt'n Pauli setzt seit einigen Jahren vom Münsteraner Stadthafen aus die Segel zu neuen Käsehorizonten. Dass der einst noch von Kaiser Wilhelm eröffnete Binnenhafen mehr als 100 Jahre später zur Heimat-Pier einer Käserei werden würde, war so eigentlich nicht mehr zu erwarten.

Denn nur moderne Stadtplanung und betuchte Investoren verhinderten, dass das bis zur Jahrtausendwende zum sozialen Problemviertel heruntergekommene Areal endgültig ins triste Schicksal altindustrieller Stadtbezirke versank. Mit erheblichen Umbauarbeiten und viel Geld wurde hier ein modern-urbaner Szene- und Hipster-Treff erschaffen, in dem neben Kreativ-Büros, Kultur-Einrichtungen, Restaurants und Cafés direkt am Wasser eben auch eine Hafenkäserei für frischen Wind in der kulinarischen Szene sorgt.

Von hier stammt Käpt'n Pauli, der in Wirklichkeit der Flaggschiff-Käse dieser modernen Schaukäserei ist, in der man vom ersten Stock aus durch große Glasfenster zusehen kann, wie nach alter Käsetradition von Hand gepflegter Bio-Käse produziert wird.

Und um gleich noch ein weiteres Geheimnis der käslichen Seefahrt zu lüften: Hinter des Kapitäns Namen steckt eine Frau, nämlich Ann-Paulin Söbbeke. Sie ist gleichzeitig nicht nur, pardon, Frau Käpt'n und Besitzerin des ganzen Betriebs, sondern auch die Namenspatin dieses Haus-Klassikers, weil sie schon immer einen Käse machen wollte, der nach ihr benannt ist.

Wie der Käpt'n Pauli, ein junger und milder Schnittkäse nach Gouda-Art, sind alle Käsesorten generell mit Gouda-Kulturen angesetzt, danach aber reifen sie jeweils unterschiedlich lange bzw. werden mit verschiedenen Reife-Kulturen und Aromen affiniert.

Da wird es dann auch für Liebhaber kräftiger Käsesorten richtig interessant, die sich von den lustig hafeninspirierten Bezeichnungen nicht irritieren lassen sollten – das sind alles ernsthafte Käsesorten von sehr seriöser handwerklicher Qualität, besonders hell strahlende Hafenlichter inbegriffen. Zu denen gehört für mich der außergewöhnliche „kleine Korsar", dessen würziger Geschmack durch die Reifung mit Rotschmier-Kulturen und das Affinieren mit Rotwein erreicht wird.

„Es gibt zwei Arten, diese Welt z
Die einen zählen traurig die viel
und beklagen den Verlust, die and
am Käse zwischen den Löchern und
Gute am Vorhandenen."

Pinchas Lapide

Wer sich in unbekannte Käse-Weiten vorwagen will, probiert den „munteren Matrosen", einen Schnittkäse mit Fenchel, Koriander und Kümmel, die sehr überraschend zusammen ein relativ dezentes Geschmacksbild abgeben und sogar noch den Eigengeschmack des Käses zur Geltung kommen lassen. Auch bei dem schon farblich aus dem Ruder gelaufenen „blauen Barbier" ist die Käse-Mannschaft auf offensichtlich ganz großer Fahrt nur scheinbar verrückt geworden, als sie den mit Rosmarin, Blaubeere und Whiskey affinierte und trotzdem sehr gekonnt eine vermeintlich sichere Havarie in aromatischer Untiefe umschiffte.

Ein ganz großer Wurf ist Ann-Paulin Söbbeke mit ihrem „Goldschatz" gelungen, für den sie den jungen Käpt'n Pauli ganze 24 Monate reifen lässt. Der schmeckt bei aller Alterswürze nicht nur perfekt ausbalanciert, sondern endet dabei noch so cremig am Gaumen, wie man es bei Hartkäse nur ganz selten erleben kann. Für den allein würde ich hier vor Anker gehen.

nfrontieren.
öcher im Käse
 freuen sich
eßen das

Schöne Ziegen, toller Käse

BIOLAND-HOFKÄSEREI
DÖRMANN

Bioland-Hofkäserei Dörmann
Wulfhagen 14
32469 Petershagen-Ilse
Tel.: 05705 7816
www.doermanns.de

11

Mit dieser Empfehlung stoßen wir nun endgültig in die äußersten nordöstlichen Grenzbereiche unseres Landes vor. So weit, dass ich mich erst noch einmal vergewissern musste: Ein paar Kilometer weiter ist schon Niedersachsen, und läge der Biolandhof Dörmann dort, ich hätte Ihnen seine wunderbaren Ziegenkäse nicht vorstellen können, weil die Genuss-Tour dieses Buches unweigerlich an den Landesgrenzen endet.

Glück gehabt, denn bei diesem Ziegenkäse handelt es sich nicht um den Versuch, einfach nur die berühmten Vorbilder aus Frankreich nachzumachen, sondern regional eigenständige Varianten mit ost-westfälischem Touch herzustellen.

Das fängt schon mit der Auswahl der Ziegenrasse an. Rund zweihundert bunte deutsche Edelziegen – und nicht die sonst in Norddeutschland verbreitete weiße Edelziege – grasen hier im Sommer auf den satt grünen Wiesen des Hofs, einfach deswegen, weil Heike Dörmann die wegen der unterschiedlichen Farbzeichnung schöner als die ganz weißen findet. Früher war der alteingesessene Bauernhof ein reiner Kuhmilchbetrieb, bis den Dörmanns die staatliche Regulierung der Milchwirtschaft zu viel und auch wirtschaftlich zu unrentabel wurde und sie vor mehr als 25 Jahren endgültig auf Ziegen und Käseproduktion umstiegen. Gut für die Ziegen, weil man als solche sonst nur selten so viel Platz wie hier in einem so großen Kuhstall hat, wenn es im Winter unters Dach und auf Stroh reingeht. Dazu gibt's hofeigenes Bio-Futter – kein Wunder also, dass die Ziegenmilch später beste Voraussetzungen für guten Ziegenkäse mitbringt.

Der wiederum schmeckt kein bisschen streng nach Ziege, um mal wieder Ziegenkäse-Fremdler zu ermuntern, es trotzdem mal zu versuchen, da dieses sowieso schon unberechtigte Argu-

ment gegen Ziegenkäse an sich besonders hier nicht gilt. Das liegt daran, dass Heike Dörmann die Milch nach dem Melken so zügig in den Sammeltank pumpt und schnell verarbeitet, dass sie gar keine unangenehm störenden Gerüche im Kontakt mit der Luft aufnehmen kann, die sich später im Käse streng bemerkbar machen würden. Und übrigens, um mal kurz für die Ziegen-Ehre in die Bresche zu springen: Ziegen sind nicht nur außerordentlich saubere und hübsche Tiere, sondern stinken auch kein bisschen, wenn sie so wie auf dem Dörmann-Hof im großen und gut belüfteten Stall gehalten werden. So.

Also, ran an die Ziegenkäse-Sorten des Hofs, denn einer schmeckt besser als der andere. Der Reigen beginnt mit dem super-cremigen Frischkäse „Ilsekrem" und führt weiter zu „Ilsebär" und „Ilsebrie", zwei sehr ungewöhnliche Weichkäse-Sorten aus Ziegenmilch, aber wie Kuhkäse gereift. Kräftige „Rote Ilse" mit Rotschmierkulturen und „Ilsebill", ein Feta-artiger Käse in Salzlake, runden ein sehr verlockendes Angebot ab. Dass sie alle Ilse mit Vornamen heißen, liegt aber nicht an den Ziegen, sondern am Namen des Ortsteils von Petershagen, in dem der Hof liegt. Ohne Vornamen, aber ein Genuss ersten Ranges für echte Ziegenkäse-Fans, ist die gereifte Pyramide, bei der der weiße Edelschimmel der Camembert-Reifekulturen durch den feinen bläulich-schwarzen Buchenasche-Staub bricht. Das Prachtexemplar eines Ziegenkäses mit fester Struktur, trotzdem cremig-pikant auf der Zunge und schmelzend im Abgang.
Welch köstliche Symbiose aus Schönheit, Charakter und Geschmack!

Ziegenkäse à la Provence

SCELLEBELLE

Scellebelle
Körberheide 99c
48157 Münster
Tel.: 0174 6056329
www.scellebelle.de

Nein, diesen Ziegenhof werden Sie unter der angegebenen Adresse sicher nicht finden, aber die großartigen Ziegenkäse von Sabine Jürß finden Sie immer in ihrem kleinen Verkaufswagen auf dem Münsteraner Wochenmarkt am Dom. Denn auf ihrem Hof selbst ist die leidenschaftliche Käsemacherin lieber ungestört, weil sie mit ihren rund 70 Ziegen Arbeit genug hat und die wohlverdiente Ruhe nach Feierabend umso mehr genießen möchte. Ihre wirklich hübschen Ziegen, die sie alle beim Namen kennt und nennt und als ihre manchmal etwas zickig damenhaften Mitarbeiterinnen beschreibt, freuen sich vermutlich genauso über ihr beschauliches Leben im offenen Stall oder auf der grünen Weide.

Sabine Jürß macht nun schon seit fast 30 Jahren vom Melken der Ziegen über die Käseproduktion bis hin zu Vermarktung und Verkauf tatsächlich alles selbst. Die Ziegen der heutigen Herde hat sie aus verschiedenen französischen Edelrassen züchterisch zusammengekreuzt, die für die besonders hohe Qualität ihrer Milch bekannt sind. Diese Milch setzt Sabine Jürß mit sorgfältiger Handarbeit beim Käsen so konsequent in erstklassige Ziegenkäse-Sorten um, dass sie keinen Vergleich mit den berühmten Ziegenkäsen der Provence zu scheuen braucht.

Nur etwa 100 Liter Ziegen-Rohmilch verarbeitet Jürß pro Tag, die nach französischem Vorbild zunächst mit Milchsäurebakterien dickgelegt wird, bis danach Reifekulturen die Milchsäure abbauen und die unterschiedlichen Hefestämme sowie der Edelschimmel zur Geltung kommen. Der Käse arbeitet sozusagen auch selbst mit, um die besondere Delikatesse zu werden, die selbst im französischen Käse-Imperium der 1000 Sorten einen ganz hohen Rang belegt.

Da liegen die schönen Ziegenkäse dann in allen möglichen Formen, klein oder groß, rund oder eckig, je nach Reife strahlend weiß oder elfenbeinfarben, weich oder fest. Oder besonders schön mit grünlichen Flecken oder fein bläulichem Überzug vom edlen Schimmel. Manche der Pyramiden mit Pappelasche schwärzlich bestäubt, so filigran anzusehen, dass sie an das Matterhorn nach leichtem Schneefall erinnern.

Im Mund sind diese Bilderbuch-Ziegenkäse ein Traum an Cremigkeit, die sich bei manchen Sorten erst beim Aufwärmen im Mund entwickelt, und an subtilen Aromen, niemals aufdringlich, sondern auch bei längerer Reife immer angenehm und ohne jegliche Strenge auf der Zunge. Einfach hinreißend für jeden Käseliebhaber, für intensivere Hinschmecker eine Offenbarung an geschmacklichen Nuancen, die so nur erstklassiger Ziegenkäse bekommen kann. Sie können pilzartig an Champignons erinnern oder an Rohmilchbutter, an feine Zitrusaromen oder – ganz frisch – sogar noch nach fein gesäuerter Milch, ähnlich wie früher bei der Dickmilch, schmecken. Aber irgendwie fehlen einem doch die richtigen Worte für diese köstlichen Käse in Vollendung.

BIER

Alt. Export. Kölsch. Pils – das sind, hier aus Gründen Bier-politischer Korrektheit in alphabetischer Reihenfolge, die Sorten, die die traditionelle Bierkultur in unserem Land ausmachen. Diese Sorten unterscheiden sich aber noch einmal generell in zwei verschiedene Arten von Bier, die entscheidend für die Wahl Ihres bevorzugten Bieres sein sollten: Fernseh-Biere und Kirchturm-Biere.

Die Fernseh-Biere sind in industriellem Maßstab produzierte Biere großer Brauereien, die alle aus der Werbung zu großen Sportveranstaltungen im Fernsehen kennen. Schmecken alle ähnlich, also ohne besonderen Charakter, Tendenz: langweilig.

Die Kirchturm-Biere sollten Sie aber unbedingt kennenlernen. Denn das sind solche, die ihr handwerklich gebrautes Bier nur regional begrenzt in einem Umkreis verkaufen, der von der Kirchturmspitze ihres Standortes gesehen werden kann. Charaktervoll, eigenwillig und mit der deutlichen Handschrift des Braumeisters versehen.

Sieben dieser Brauereien, davon sogar eine mit Braumeisterin, stelle ich Ihnen hier vor, weil sie großartige Beispiele für die traditionelle Braukultur an Rhein und Ruhr sind. Auch ohne Kirchturm. Und sogar ohne Reinheitsgebot.

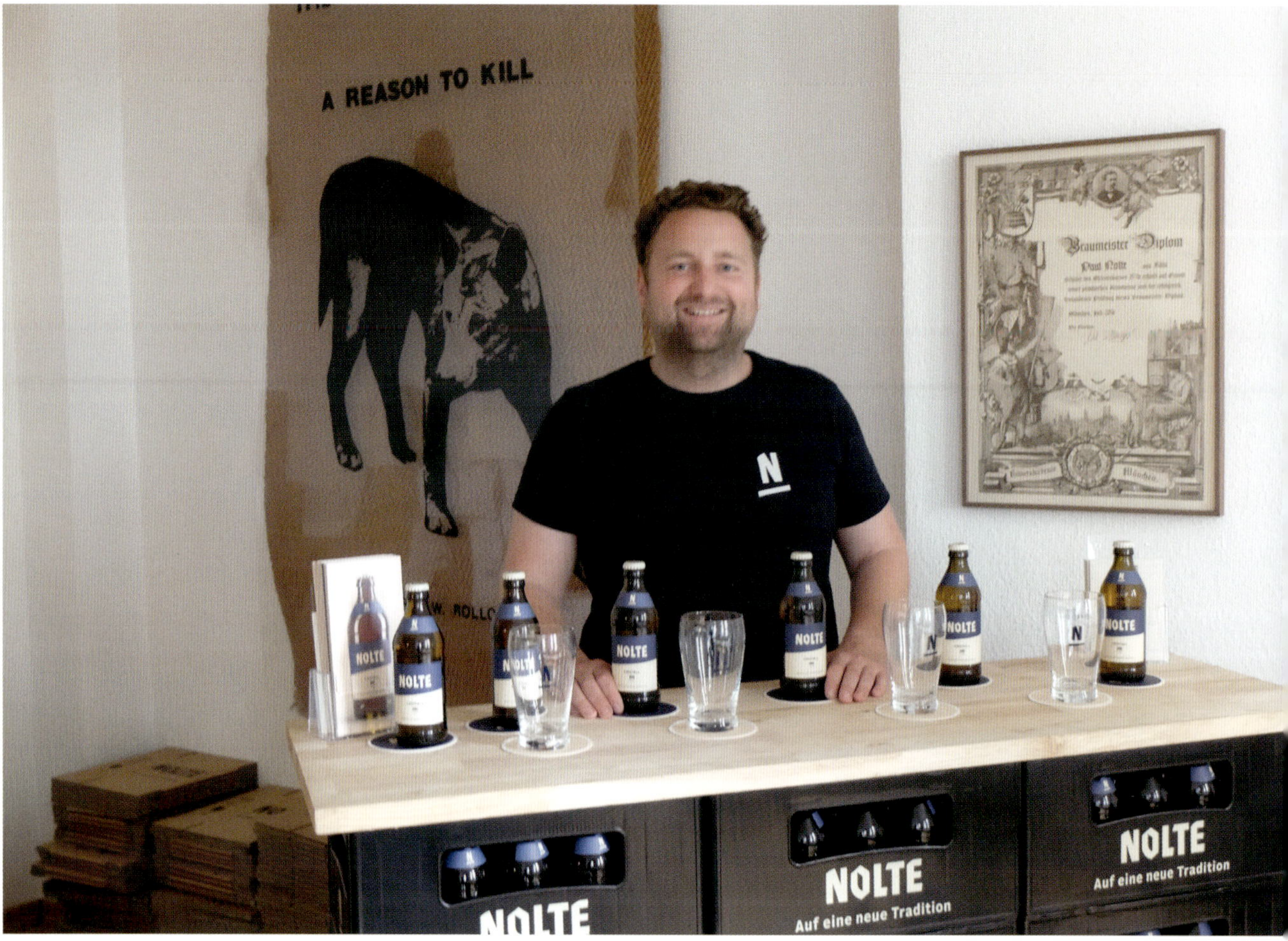
A REASON TO KILL
Braumeister Diplom
NOLTE
NOLTE
Auf eine neue Tradition
NOLTE
Auf eine neue Tradition

NOLTE
CRISTALL
NOLTE
BIER

Auf eine neue Tradition
NOLTE
Auf eine neue Tradition
NOLTE
Auf eine neue Tradition

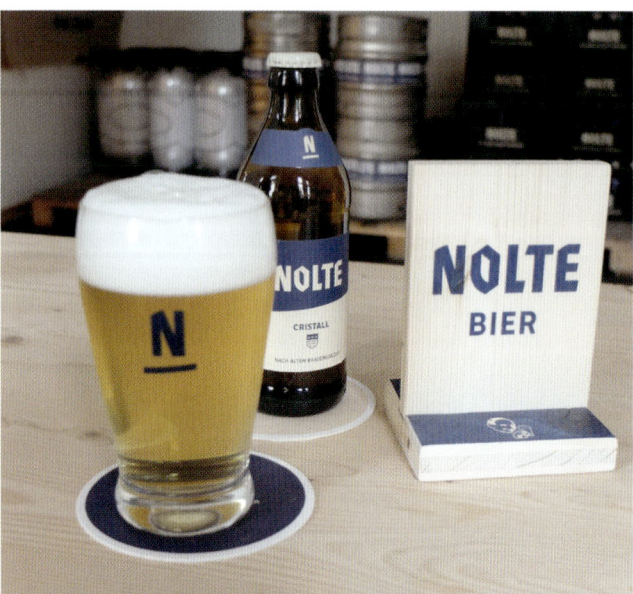

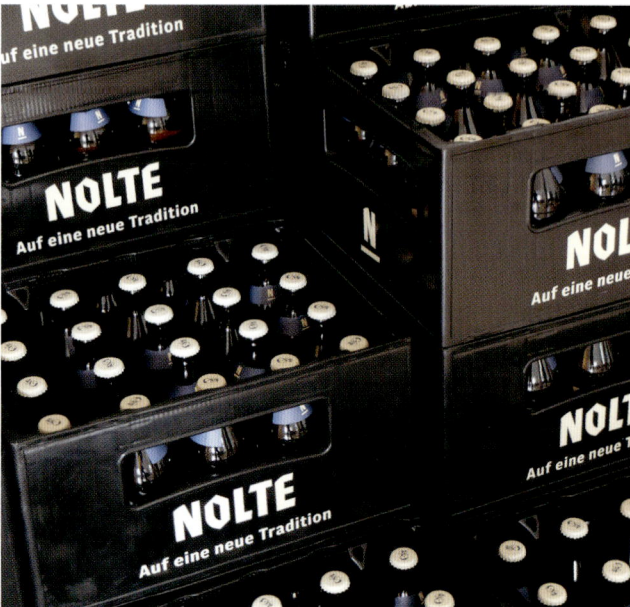

NOLTE HEADQUARTER

Nolte Headquarter
Piusstraße 40
50823 Köln
Tel.: 0170 9177073
www.noltebier.de

Ein Mann, ein Bier, ein Name: Nolte. Selten kann man dermaßen berechtigt sagen, dass in einer Flasche Bier so sehr drin ist, was draufsteht. Denn der junge Kölner Paul Nolte, Gründer des Bierprojekts, Braumeister und zumindest, in der Produktion seines Bieres, sein einziger Mitarbeiter, ist alles auf einmal, was sein Cristall genanntes, untergäriges Bier ausmacht.
Ein Kölner, der untergäriges Bier braut? Ja, und das hat sogar sein Großvater so gemacht, der bei der Ehrenfelder Sester Brauerei bis in die 1970er Jahre für das Sester Cristall verantwortlich war, ein schon seit den 1920er Jahren sehr beliebtes Bier in Köln, obwohl untergärig.
Viele wissen nicht oder eben nicht mehr, dass die Kölner Biertradition in früheren Jahren nicht nur auf Kölsch beruhte, sondern in der Domstadt auch Pils und, man höre und staune, sogar Alt gebraut wurde, bevor das Kölsch zur einzig maßgeblichen Biersorte der Stadt verklärt wurde. Leider, muss man als leidenschaftlicher Biertrinker hinzufügen, denn damit ging ja auch die Vielfalt kölschen Brauhandwerks verloren. Gleichzeitig kann man sich über das Nolte Cristall freuen, mit dem Nolte die alte Tradition des untergärigen Kölner Bieres wieder neu aufleben lassen will.

Da ihm das Bierbrauen nun schon einmal familiär im Blut liegt, trägt er den Traum, eines Tages eine eigene Brauerei zu gründen, ebenfalls seit Kindesbeinen mit sich rum. Soweit ist es noch nicht ganz, aber wenn einer wie er die Umsetzung seiner Ziele so konsequent wie bisher verfolgt, kann es eigentlich nicht mehr lange dauern. Bis dahin fährt Nolte regelmäßig zur oberfränkischen Brauerei Rittmayer, weil er dort sein Bier selbst brauen darf und es ihm wichtig ist, dass sein Cristall eben bei jedem Schritt des Brauprozesses unbedingt seine Handschrift trägt – angefangen von der Auswahl des hochwertigen Malzes und des Aromahopfens bis hin zum Kochen der Würze und zur Reifung des fertig gebrauten Biers für mindestens fünf Wochen. Gerade diese Reifung ist übrigens aus Kostengründen ein von großen Brauereien sehr häufig vernachlässigter Faktor klassischen Brauhandwerks, aber ein für die balancierte Ausgewogenheit und hintergründige Komplexität eines Bieres enorm wichtiges Puzzleteil des gesamten Geschmacksbilds.

Das kann man mühelos beim Nolte Cristall nachvollziehen, weil es trotz seiner enormen Süffigkeit ein elegantes Bier ist, bei dem sich das Malz für die Vollmundigkeit und der Hopfen für die sehr feine Bittere einträchtig, aber erst leicht verzögert im Nachhall am Gaumen bemerkbar machen. Ein großartiges Alleinstellungsmerkmal, das kein anderes Bier der kölschen Konkurrenz aufweisen kann.

Das Original seines Großvaters hat Paul Nolte nie probieren können, aber nach dessen eigenen Unterlagen neu entwickelt, zusammen mit der renommierten Doemens-Akademie in der Nähe von München, wo er sich auch zum Brau- und Malzmeister ausbilden ließ.

Dass das Layout des Flaschenetiketts mitsamt der blau-beigen Farbgebung, die Flasche selbst und die knackig-kurzen Sprüche drum herum die sehr gelungene Melange aus Tradition und Moderne der Cristall-Stilistik perfekt auf den Punkt treffen, hat er allerdings auch der Unterstützung seiner Frau Elisabeth zu verdanken, einer hauptberuflichen Theater- und Filmschauspielerin, die hier deswegen keinesfalls unerwähnt bleiben darf. Also, Bühne frei für diesen schwungvoll sympathischen Auftritt eines alten und neuen kölschen Biers.

Wenn dieses Cristall von 2017 nicht so erfolgreich wird, dass eines Tages eine echte Nolte-Brauerei in der Domstadt folgt, versteh ich die Biertrinker nicht mehr.

Weder urbi noch orbi.

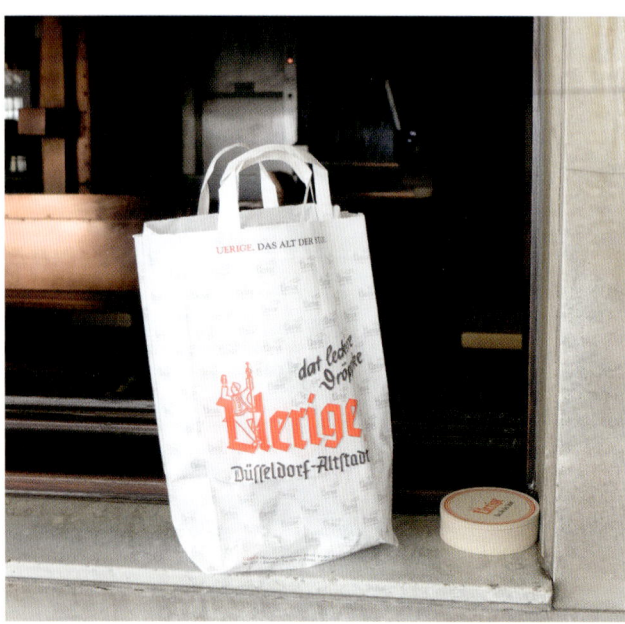

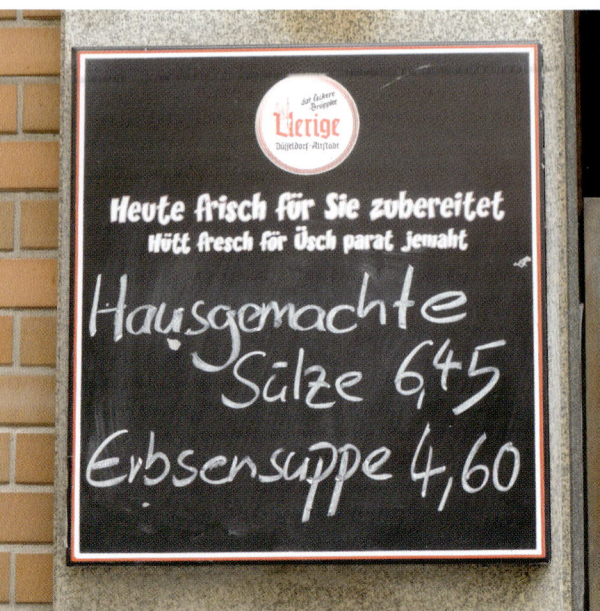

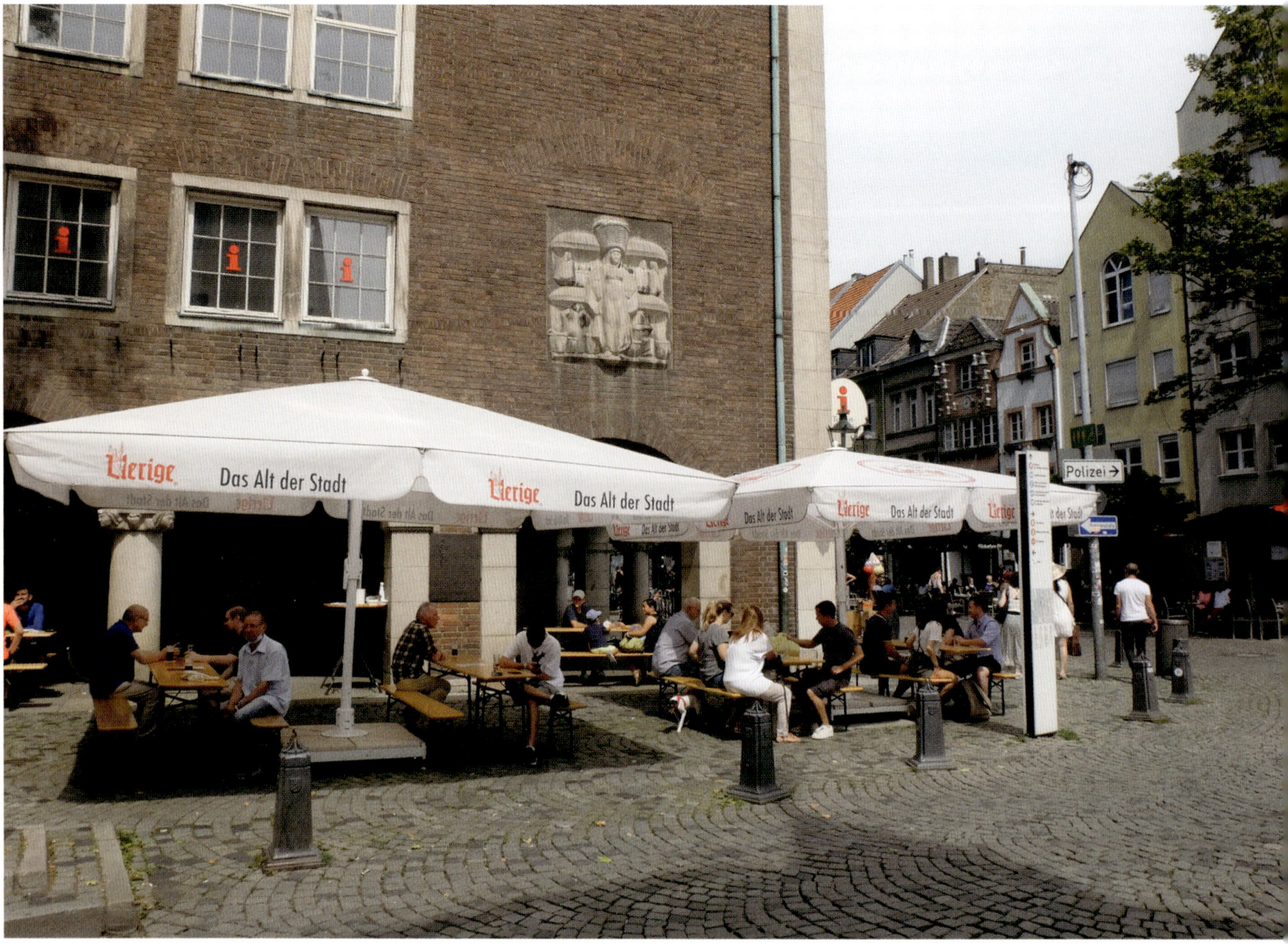
Uerige
Das Alt der Stadt
Polizei

dat leckere Dröppke
Uerige
Düsseldorf-Altstadt

dat leckere Dröppke
Uerige
Düsseldorf-Altstadt
Heute frisch für Sie zubereitet
Hütt fresch för Üsch parat jemaht
Hausgemachte
Sülze 6,45
Erbsensuppe 4,60

UERIGE OBERGÄRIGE HAUSBRAUEREI

Uerige Obergärige Hausbrauerei GmbH
Berger Straße 1
40213 Düsseldorf
Tel.: 0211 86699-0
www.uerige.de

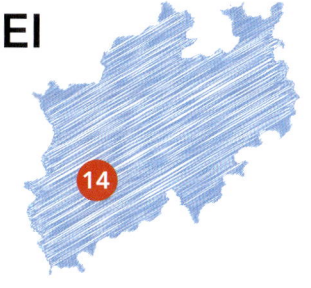

Zunächst einmal erkläre ich mich bei diesem Unikum von einem Altbier ausdrücklich für befangen. Ich finde beim Uerigen einfach alles großartig: das Bier, das Brauhaus mit seinem Brauhof, das Flair des Ausschanks mit den großen Holzfässern und erst recht das „Forum Uerigianum", also die Stehtische und die terrassierte Fläche neben dem Stammhaus an der Rheinstraße. Nirgendwo kann man mit einem Glas Uerige in der Hand besser beobachten, wie das Herz der Düsseldorfer Altstadt schlägt – eine reale Komödie menschlicher Verhaltensweisen, bei der alle auf ihre eigene Art gewollt oder ungewollt mitmachen, egal ob Einheimische oder Besucher der Stadt.

Was insgesamt dazu führt, dass ich nicht nach Düsseldorf fahren kann, ohne hier mindestens drei Uerige einzunehmen und zwar immer draußen, wenn's geht. Ob und wie viele mehr es werden, hängt von der Tageszeit ab, vom Wetter und ob meine Frau dabei ist.

Trotz großer Wertschätzung aller Biere, die in diesem Buch versammelt sind, ist das Uerige noch einmal eine Klasse für sich. Was mir neben dem absolut eigenständigen Altbier-Geschmack ganz besonders am Uerigen gefällt, ist diese kompromisslose Ansage an weichgespülte Durchschnittsbiergaumen, die in ihm steckt: so oder nicht. Wohl kein anderes deutsches Bier außer dem Schlenkerla-Rauchbier aus Bamberg leistet sich heute noch einen so eindeutig der Tradition des Hauses verpflichteten Charakter wie das Uerige. Allein schon, weil es mit 50 Bittereinheiten vermutlich das deutsche Bier mit der stärksten Hopfenbittere im Glas ist.

Womit wir nun bei den auch rein sachlich zu begründenden Qualitätsmerkmalen dieses Altbier-Unikats angekommen wären, das seinen Namen der überliefert ewig schlechten Laune des ehemaligen Braumeisters und Besitzers Jean Keller von 1912 bis 1934 verdankt, als man „zum Uerigen" ging, also zum auf Düsseldorfer Platt „schlecht Gelaunten".

Der heutige Besitzer und Brauingenieur Michael Schnitzler ist dagegen meist gut gelaunt, aber charakterlich mindestens so deutlich aufgestellt wie sein Bier, vor allem, wenn es um die Qualität geht. Das führt im Hintergrund zu einer außergewöhnlichen Kombination von modernster Computer-Technik bei der Steuerung des Brauprozesses selbst und gleichzeitig der Wahrung des über 150 Jahre alten Brauhandwerks des Hauses, das auf höchster Qualität aller eingesetzten Zutaten und historischer Brauausstattung beruht. Immer nach dem Prinzip, dass Erfahrung beim Bierbrauen durch nichts ersetzt werden kann. Tatsächlich findet in dieser echten Hausbrauerei noch alles auf den verschiedenen Etagen des Gebäudes statt. Beeindruckendes Prunkstück ist das riesige Kühlschiff aus purem Kupfer direkt unter dem Dach, in das die heiße Würze gepumpt wird, um dort auf 55 Grad abzukühlen, auf dass nicht vorteilhafte flüchtige Aromen ausdampfen und sich Trubstoffe absetzen können. Beim darauf folgenden Ableiten über einen Berieselungskühler aus mehreren waagerecht angeordneten Kupferrohren nimmt die Würze wieder zusätzlichen Sauerstoff auf, was bei der Gärung in offenen Bottichen der Arbeit der speziellen Uerige-Hefestämme erheblich zugutekommt, deren Stammzellen bei der Hefebank von Weihenstephan in Bayern lagern und die in jedem Jahr neu zum Auffrischen des Bestands geholt werden.

Die in vielen Brauereien üblichen Hopfen-Pellets oder gar flüssige Hopfen-Aromen kommen beim Uerigen nicht in Frage. Den unverwechselbaren Geschmack des Uerige garantieren ausschließlich frisch geerntete und nur leicht getrocknete, sehr kühl gelagerte ganze Blüten erstklassiger Aroma-Hopfen, die dafür sorgen, dass selbst 50 Bittereinheiten kein bisschen am Gaumen kratzen, sondern sich schön harmonisch in die Balance aller Aromen einordnen. Für die hintergründig malzige Abrundung und die kaum schmeckbare Süße neben den feinen Röstaromen sorgen die Malzsorten der hoch renommierten Malzfabrik Weyermann in Bamberg. Und die Reifezeit des Uerigen, dessen frisch gebrautes Jungbier noch rund vier Wochen ruhen darf, bevor es abgefüllt wird.

Müssen Sie noch mehr über das Uerige wissen? Ich denke nein. Probieren Sie erstmal eins. Gut, kann schon sein, dass es etwas Nachschmecken braucht, um draufzukommen. Also das zweite ... Jetzt müssten Sie aber eigentlich sofort ein drittes wollen. Und wenn nicht? Dann eben nicht.

PRIVATBRAUEREI BOLTEN

Privatbrauerei Bolten GmbH & Co. KG
Rheydter Str. 138
41352 Korschenbroich
Tel.: 02161 617900
www.bolten-brauerei.de

„Alt" ist nun wirklich kein schöner Begriff für Bier an sich, das man selbstverständlich unabhängig von der Biersorte unbedingt frisch und noch besser frisch gezapft zischt. Vermutlich haben die Erfinder der Sorte „Alt" in längst vergangenen Zeiten gar nicht darüber nachgedacht, dass dieses Wort auch falsch verstanden werden könnte.

Also für alle, die beim Alt erstmal nicht auf frisches Bier kommen, nun zum Mitlesen:
Der Begriff steht für die obergärige Brauart dieser Biersorte im Sinne von „auf alte Art" gebraut, eben als die traditionelle Art und Weise aus der Zeit, bevor das untergärige Brauen wie für Pils erfunden war. Sowas konnte erst später gebraut werden, nachdem moderne Kühltechnik erfunden war, weil untergärige Hefen deutlich niedrigere Temperaturen benötigen als obergärige.

Natürlich wird ein Bolten Alt wie alle Biersorten des Landes frisch gebraut und kühl gezapft. Nur die Brauerei selbst, um noch ein letztes Mal auf diesem Begriff herumzureiten, ist wirklich alt, und zwar so alt, dass ihr Gründungsdatum im Jahre 1266 sie urkundlich bestätigt zur ältesten Alt-Brauerei der Welt macht.

Dass es sie glücklicherweise immer noch gibt, verdanken die Korschenbroicher allerdings einem gebürtigen Kieler namens Michael Hollmann, der die Brauerei 2005 übernahm und vor dem endgültigen Aus rettete. Da kannte er sich nach einer steilen Karriere in der ganz großen Bierindustrie allerdings schon bestens in der Region aus. Bereits als junger Jurist wurde Hollmann Verkaufsleiter und Geschäftsführer bei Hannen Alt in Mönchengladbach, bevor er den riesigen Konzern Brau und Brunnen erfolgreich sanierte. Ohne darüber sein Faible für regionales Brau-Handwerk und Bier an sich zu verlieren, das Hollmann wohl schon in Kiel zum Betrieb einer eigenen Kneipe animierte.

Jedenfalls brachte dieser ganz und gar nicht kühle Norddeutsche die Landbrauerei kaufmännisch und mit viel Sinn für den Heimatstolz der einheimischen Biertrinker wieder so richtig auf Vordermann. Mit neuen Biersorten ebenso wie mit dem traditionellen Geschmacksprofil des Klassikers Bolten Alt, dessen typisch dunkle Bernsteinfarbe ausschließlich durch die Mischung verschiedener Spezialmalze erreicht wird. Dazu zwei Hopfensorten zur Abrundung des ausgewogenen, typisch süffigen Altbiergeschmacks dieses Traditionsbieres – allerdings als kleines Zugeständnis an den modernen Biergeschmack jüngerer Biertrinker-Generationen mit weniger Bitter-Noten, als sie früher üblich waren. Schmeckt aber auch in meinem Alter trotzdem sehr gut. Noch besser aber das Ur-Alt der Brauerei, ungefiltert und daher naturtrüb, mit feinen Röstaromen und sehr vollmundig im Trunk.

Jedes Bolten-Bier können Sie in den Sommermonaten im neu renovierten Picknick-Biergarten zischen, der deswegen so heißt, weil Sie sich dort nach gut bayrischem Vorbild und gastfreundlich niederrheinisch Ihren eigenen Proviant mitbringen dürfen. Und, na Potzblitz, mei Liaba, vielleicht mit dem Bolten-eigenen, hefetrüben Ur-Weizenbier dazu starten. Das wurde 1997 als erstes Weizenbier Nordrhein-Westfalens mit dem nonchalanten Hinweis an die Bayern eingeführt, dass man schließlich seit Jahrhunderten was von obergärigen Bieren verstünde …
Andrerseits, jo mei, warum eigentlich kein spritziges Weizen vom Niederrhein? Die Gladbacher Borussen haben die Münchner Bayern ja schließlich auch schon oft geschlagen.

Drei Frauen und ein Bier

PRIVAT-BRAUEREI STRATE

Privat-Brauerei Strate
Palaisstraße 1–13
32756 Detmold
Tel.: 05231 94 40 00-0
www.brauerei-strate.de

Mittelalterlicher Stadtkern, fürstliches Residenzschloss, Hermannsdenkmal – Detmold, die größte und schönste Stadt des Lipper Landes hat so viel an geschichtsträchtigen Sehenswürdigkeiten zu bieten, dass sich ein Ausflug in den äußersten Osten des Westens wirklich lohnt. Allerdings nicht nur für geschichtsbeflissene Bildungsbürger, sondern für alle, die guten Bieres sind. Denn zur Geschichte dieser Stadt gehört auch die Privat-Brauerei, die 1863 vom Gründer Adolf Hüppe im neugotischen Stil erbaut wurde. Das schöne denkmalgeschützte Gebäude mit seiner sehr gepflegten Gartenanlage wirkt eher wie ein herrschaftliches Schloss als wie eine Brauereianlage auf dem technisch modernsten Stand, wobei herrschaftlich im buchstäblichen Sinne eigentlich falsch ist. Denn die Strate-Brauerei wird nicht einmal von Herren geführt.

Drei Frauen sind für das Bier zuständig, das hier noch nach allen Regeln des Reinheitsgebots und ausschließlich mit natürlichen Zutaten vom Malz bis zum echten Hopfen handwerklich gebraut wird. Mutter Renate Strate schwingt das Management-Zepter, die Töchter Simone und Friederike Strate, beide nun die fünfte Generation, kümmern sich um die kaufmännischen Dinge und das Bierbrauen selbst. Bis zur dritten Generation der Brauereigeschichte waren noch Männer im Spiel, dann kam Johanna Strate als erste Frau der Stammesgeschichte in die Geschäftsführung, die danach ihre Tochter Renate übernahm. Sie sorgte zügig für den Abschied vom modernen Kronkorken, der wieder durch den traditionellen Bügelverschluss („eine Flasche ohne Bügel ist nackt") ersetzt wurde. Wer das Frauen-Triumvirat einmal kennengelernt hat, wird sich kaum vorstellen können, dass in dieser Brauerei jemals wieder ein Mann am Ruder stehen wird. Warum auch?

Schließlich schaffen es die ebenso charmanten wie resoluten Strate-Frauen seit Jahrzehnten, ihre relativ kleine, durch und durch regionale Familien-Brauerei trotz stürmischer Konkurrenz internationaler Braukonzerne wirtschaftlich auf Kurs zu halten.

Ein wesentlicher Faktor dafür war die Grundsatz-Entscheidung, sich neben dem klassischen Detmolder Pils und Detmolder Herb - beides Highlights der deutschen, ursprünglich hopfenbetonten Pils-Kultur - auf besondere Bier-Spezialitäten zu konzentrieren.

Das dritte Pils in dieser Runde, ein Bier namens Thusnelda, spielt dabei eine ganz eigene Rolle. Es geht auf eine Idee von Friederike Strate zurück, die für Geschmack und Stilistik aller Biere verantwortliche Braumeisterin.

Dieses Bier (eingebraut anlässlich des 2000-jährigen Jubiläums der Varus-Schlacht im Teutoburger Wald, wo der glorreiche Hermann der Cherusker die Römer vernichtend schlug) ausgerechnet Thusnelda zu nennen, hätte sich wohl kein Mann trauen dürfen. Tatsächlich hatten die zuständigen Herren des Kreises Lippe standesgemäß eine Art Hermann-Bier angefragt, worauf Mutter Renate im Kreis der Familie vorschlug, doch eher an Hermanns große Liebe und Gemahlin Thusnelda als an seine Verdienste auf dem Felde zu erinnern. Die müsse ja wohl ein heißer Feger gewesen sein, wenn sie schon vor 2000 Jahren geschichtlich erwähnt wurde.

Als die Renate Strate allerdings den ersten Entwurf des Karikaturisten für das Etikett sah („Kinder, das ist doch wohl nicht euer Ernst?"), „brauchte sie fast ein Sauerstoffzelt", erzählte ihre Tochter Friederike. „Das war aber auch ein Geschoss mit hohen Hacken und vollen roten Lippen, die Lungenflügel prall mit der frischen Luft des Teutoburger Waldes gefüllt, natürlich mit einem Glas Bier in der Hand und lechzend davor liegenden Römern."

Also kam die Zeichnung auf die Flaschen. Blöde Kommentare zur Einführung haben sie einfach ignoriert. So ist dieses vollmundige und enorm süffige Pils 2013 sogar als bestes deutsches Bier ausgezeichnet, seit Jahren das Strate-Bier mit kontinuierlichen Plus-Zahlen im Verkauf.

Süffige Vollmundigkeit gehört zum grundsätzlichen Charakter aller Strate-Biere, die nach dem Brauen immer noch in einer mehrwöchigen Lagerzeit ausreifen dürfen. Die Besichtigung dieser tollen Brauerei ist ein Erlebnis für sich, die anschließende Verkostung der Bier-Spezialitäten ebenfalls. Wer danach immer noch glaubt, dass Bierbrauen Männersache sein sollte, dem ist wohl nur noch mit Mineralwasser zu helfen.

Friederike Strate weist übrigens gerne darauf hin, dass Bierbrauen bis weit ins Mittelalter hinein schon immer Frauensache war, bevor die Herren der Schöpfung es zur Chefsache erklärten. Natürlich hat die Braumeisterin ihr Lieblingsmotto denn auch nicht von irgendeinem Mönch übernommen, sondern von Hildegard von Bingen: „Ein Tag ohne Bier ist ein Gesundheitsrisiko." Glaub ich aufs Wort.

BRAUEREI HELLER

Brauerei HELLER
Roonstr. 33
50674 Köln
Tel.: 0221 242545
www.hellers.koeln

Kölsch ist der Dom, Kölsch ist der Karneval, Kölsch ist die Mundart und die Lebensweise … und dann ist Kölsch auch noch ein Bier. Mehr Kölsch geht nicht in die schlanken Stangen, in denen das obergärige Bier ausschließlich serviert werden darf und über die sich Biertrinker außerhalb von Köln, vor allem die aus Bayern, gerne amüsieren. Und es dann oft unvorsichtig für ein leichtes Spaßbier halten, das wegen seiner enormen Fließfähigkeit so süffig runtergeht wie kein anderes Bier des Westens, und sie deswegen den Alkoholgehalt (der gleiche wie bei Pils und Alt) unterschätzen. Bis sie, noch bevor der Deckel rund ist, schwankend feststellen, das beim Verlassen des Brauhauses die Tür erheblich enger zu sein scheint als beim Reinkommen.

Rund 25 Kölschsorten soll es geben, die nur in Kölner Brauereien und in wenigen des nahen Umlands gebraut sein dürfen, damit „Kölsch" draufstehen kann. Eine davon ist die kleine Heller-Brauerei, mitten im innerstädtischen Ausgehviertel Kwartier Latäng gelegen und als einzige Kölsch-Brauerei bio-zertifiziert. Hier ist außerdem noch so einiges anders als in den übrigen Brauhäusern der Stadt.

Gegründet wurde die Gasthausbrauerei tatsächlich erst 1991 von dem ursprünglich aus Bamberg stammenden Bierverleger und Gastronomen Hubert Heller, der zunächst mit einem einzigen Bier, dem ungefilterten obergärigen Wieß startete, das traditionell als das ursprüngliche Kölsch der städtischen Bier-Historie gilt. Heute führt seine Tochter Anna Heller die Brauerei, in der vom Einmaischen des Malzes bis zur Abfüllung des fertigen Bieres alles noch im selben Haus an der Roonstraße passiert. Die selbstbewusste junge Chefin setzt mit ihrem Braumeister neben der ökologischen Ausrichtung ihres Betriebs bei allen Zutaten auf hohe Qualität: Neben hochwertigem Malz aus Bamberg kommen bei ihrem Kölsch vorwiegend Aroma-Hopfen zum Einsatz, die feinere Bitternoten liefern als die normalen Bitter-Hopfensorten. Das macht sich gerade in einem hellen und geschmacklich leichteren Bier wie dem Kölsch positiv bemerkbar, weil Einbußen bei der Zutatenqualität oder mangelnde Sorgfalt im Brauprozess geschmacklich eher auffallen können als bei stärkeren Bieren mit dem Einsatz von mehr kräftigem Hopfen und Malz. Das Heller-Kölsch punktet dagegen ohne Ecken und Kanten mit glasklarer Vollmundigkeit, feiner Malz-Hopfen-Balance und vorzüglich süffigem Lauf über die Zunge.

Sehr kölsch, aber eben nicht ganz so kölsch wie die Kölschsorten der städtischen Mitbewerber, finde ich, was Sie bei einem gebürtigen Pilstrinker wie mir unbedingt als großes Kompliment werten dürfen. Da aber der kölsche Humor schon bei nur leicht kritischen Kommentaren zum heißgeliebten Stadtgetränk schnell seine Grenzen findet, gebe ich sofort noch zu, dass mir Päffgen, Malzmühle und Schreckenskammer Kölsch ebenfalls gut schmecken.
Wie es allerdings innerhalb des alt eingesessenen kölschen Brauklüngels gesehen wird, dass sich Anna Heller traut, frech von der Leber weg auf kölschem Boden Pils und – leck mich en de Täsch – sogar Alt zu brauen, würde mich wirklich mal interessieren.
Das Alt gibt's aber weder im Stammhaus noch im idyllischen Heller-Volksgarten vom Fass. Sondern vielleicht vorsichtshalber nur in Flaschen – fürs heimlich Trinken zu Hause.

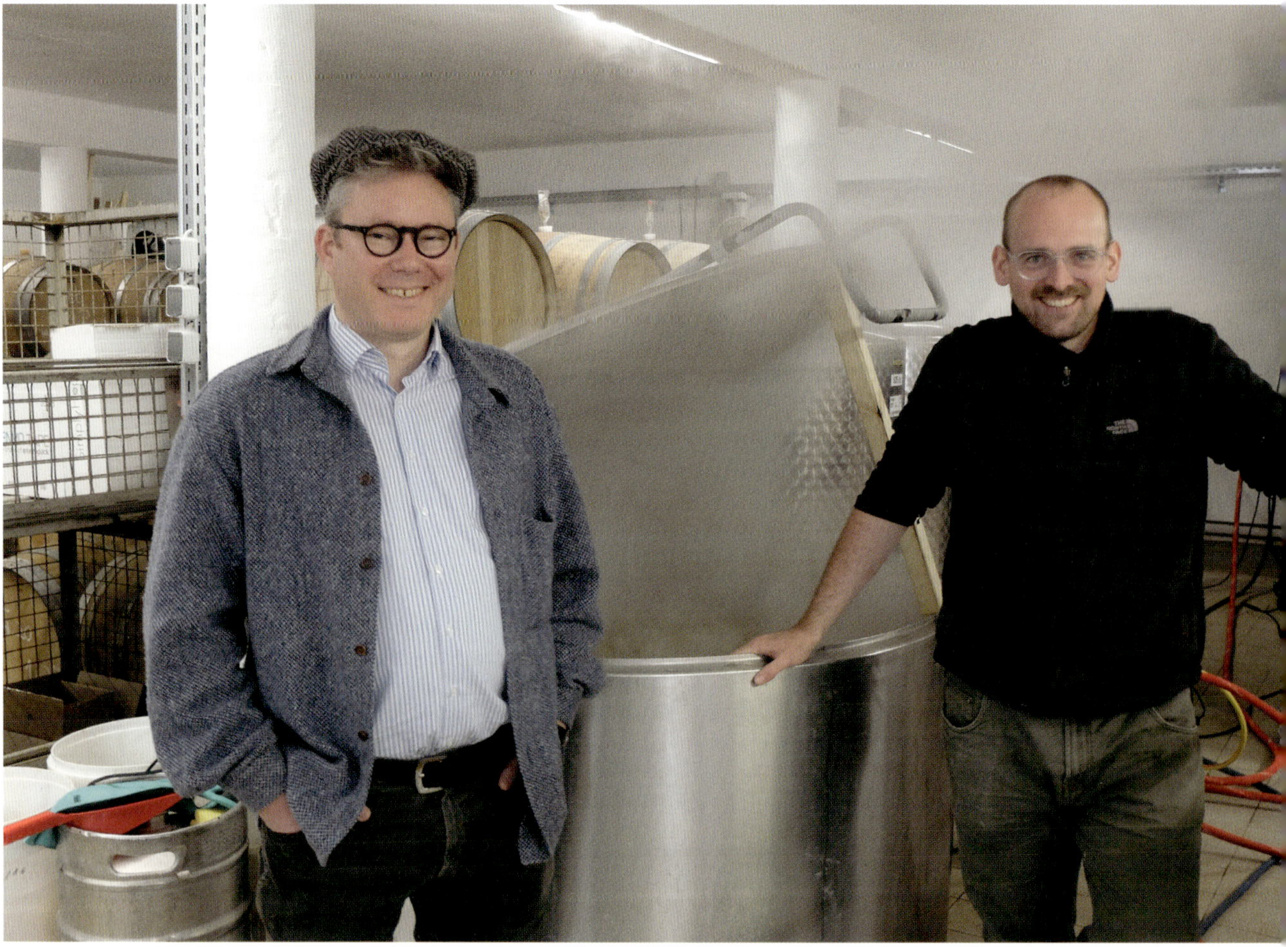

Sour Ale with elderflowers
FLIÄR BLOME
KEMKER KULTUUR
Münstersch Alt
AOLTBEER
Historical Sour Ale
Blend 2020-01
KEMKER KULTUUR

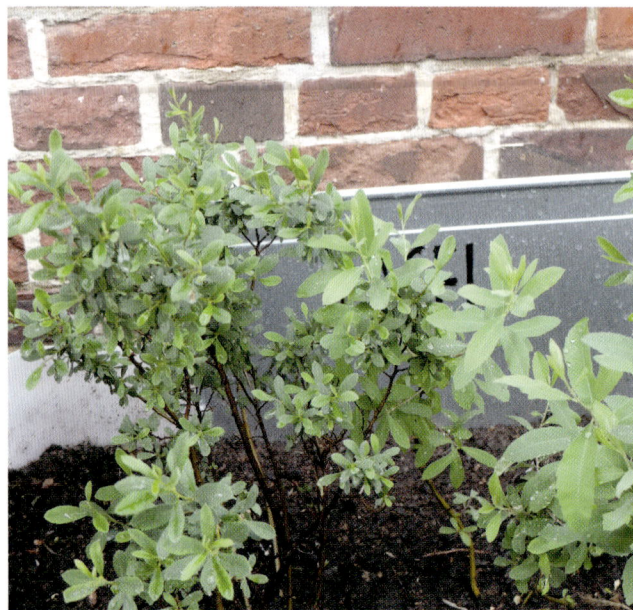

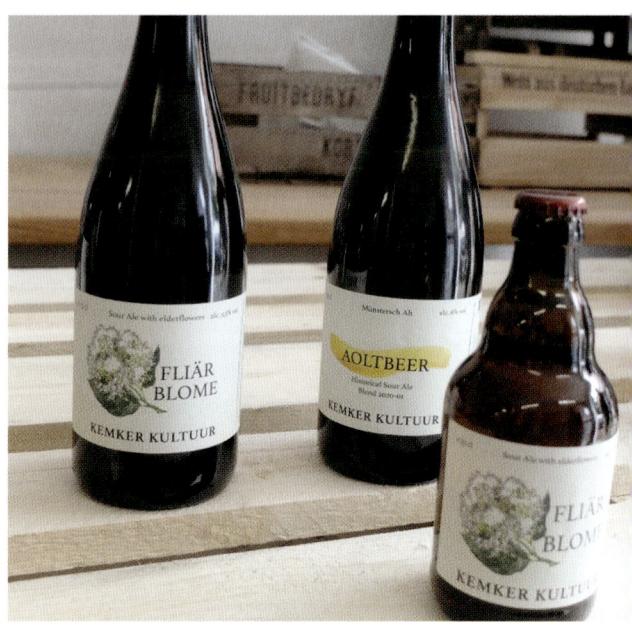

GRUTHAUS

Gruthaus-Brauerei
Krummer Timpen 61
48143 Münster
Tel.: 0151 11237894
www.gruthaus.de

Brauerei Kemker
Wettendorf 1
48351 Everswinkel
Tel.: 0151 25267867
www.brauerei-kemker.de

Bevor ich zu den Bieren der Gruthaus-Brauerei komme, müssen wir kurz ernsthaft miteinander reden. Sich mit dieser Art von Bier zu beschäftigen, bedeutet nämlich nicht wie üblich, typisch bierisch rangehen zu können, also hoch die Tassen und gib ihm. Es bedeutet tatsächlich nicht weniger, als das Bierbrauen an sich und die deutsche Bierkultur insgesamt neu zu denken. Und zwar bevor wir es trinken, sonst kommen wir da vielleicht nicht mehr ganz mit, weder fachlich noch geschmacklich.

Folgen wir also zunächst Philipp Overberg, dem Spiritus rector, Gründer und Braumeister des heutigen Gruthauses, bis weit zurück in die Geschichte des Münsteraner Bieres, sogar bis in die Jahrhunderte vor dem Erlass des bayrischen Reinheitsgebots 1516, das die deutsche Bier-Industrie gerne bis heute zum Nabel der weltweiten Bierqualität hochjubelt.
Das ursprüngliche Gruthaus vor Overberg gab es in Münster nachweislich schon im zwölften Jahrhundert, wo die Stadtherren das Monopol des Grut-Verkaufs verwalteten und damit immerhin bis zu zwei Drittel der Gesamteinnahmen für den Stadthaushalt erwirtschafteten. Grut ist eine Würz-Mischung fürs Bierbrauen, die neben Malz auch Kräuter und Gewürze enthielt, als der Hopfen beim Bier noch eine minimale Rolle spielte. Nach intensiver Recherche historischer Quellen wie dem noch existierenden Grutamts-Buch hat sich Overberg bei seinen Grutbieren für eine Grut-Mischung aus Wacholder, Kümmel und Gagel entschieden.
Wobei Gagel der heimliche Star dieses Gruts ist, eine äußerlich unspektakuläre Strauchpflanze mit dunkelgrünen Blättern, aber das klassische Gewürzkraut prähistorischen Bierbrauens, das ja mehr als 10.000 Jahre alt ist. Leider heute als Moor-Pflanze sehr stark vom Aussterben bedroht und unter Naturschutz gestellt, weil es kaum noch intakte Moorflächen gibt. Deswegen bezieht Overberg seinen sehr teuren Gagel heute aus Schottland, um mit dessen leicht süßlich-blumigen und kräuterwürzigen Aromen seinem selbst entwickelten Grutbier-Rezept den historischen Feinschliff zu geben.

Sein nun „Dubbel Porse" genanntes Grut-Bier braut Philipp Overberg zusammen mit Jan Kemker, einem Bier-Bruder im selben wahren Geiste des historischen Brauens, in dessen Brauerei in Alverskirchen. Kempker produziert dort seit 2017 in seiner augenzwinkernd „Farmhouse-Brauerei" genannten Mini-Brauanlage auf einem Bauernhof in der Nähe von Münster als Reinkarnation lokaler Braugeschichte rund 20 wilde Biere wie Sour Ale und traditionelle Cider mit natürlichen Hefen, Milchsäurebakterien und langer Holzfasslagerung. Die können bitter, sauer, kräuterig und würzig schmecken. Oder nach einer Mischung aus allem, wir sprachen ja bereits vom Neudenken des Biergeschmacks, jedenfalls sind alle auch praktisch einen gründlichen Versuch wert.

Da passt neben Kempkers eigenen Varianten natürlich auch Overbergs Grutbier gut ins Programm und so haben die beiden ein Bier ausgeheckt, das neben einer Extra-Portion dubbel (= doppelt) Porse (= Gagel) und Gerstenmalz noch Weizen, Hafer, Hopfen, Wacholder und Kümmel enthält. An dieses Ausnahme-Bier tastet man sich am besten mit historischem Bewusstsein und neugierig offenem Visier zunächst schluckweise ran, während es sich auf der Zunge ausgewogen fruchtig, würzig und fein säuerlich präsentiert. Doch, das hat was, und vor allem ist es von einer ganz anderen tiefgründigen Klasse als zeitgenössische Craft-Biere, bei denen das coole Marketing meist wilder ist als die oft amateurhaft gestrickten Biere selbst. Jedenfalls sind sich diese beiden Regionalbrauer und Bierhistoriker sicher, dass noch keine andere Grutbier-Rekonstruktion dem Original so nahe gekommen ist wie ihr Dubbel Porse (glaub ich gerne), das übrigens eine großartige Liaison mit Käse und besonders dem Ziegenkäse von Scellebelle (siehe Seite 52) eingeht (weiß ich).

Da alle Biere der Kempker-Brauerei nur in kleinen Suden hergestellt werden können, sind sie saisonal limitiert, dafür gibt's aber ständig was Neues. Immer allerdings ausschließlich aus regional nachhaltig angebauten Zutaten, wie auch Overbergs Spezialitäten-Biere, die er nach seinen Rezepten bei anderen Brauereien produzieren lässt. So ist sein Pumpernickel-Porter, bei dem tatsächlich zusammen mit dem Malz echtes Altbrot der Münsteraner Pumpernickel-Bäckerei Prünte (siehe Seite 100) eingemaischt wird, ein sehr vollmundiges dunkles Bier mit feinbitteren Schokoladennoten und Röstaromen.

Auch bei seinem Bockwurst-Bock (!) gibt Philipp Overberg bewusst den regionalen Produkten und Aromen Münsters und der Region eine sehr authentische Bühne. Für diesen obergärigen Rauchbock lässt er das angefeuchtete Malz in die Räucherkammer des Metzgermeisters Bernd Holstiege in Münster-Roxel hängen, wo es zusammen mit dessen hochgelobten Bockwürsten im heißen Buchenholz-Rauch dämpft. Ein wahrlich spektakuläres Starkbier, das übrigens nicht nach Bockwurst schmeckt, sondern nach den wunderbar rauchigen Nuancen des Buchenholzes.

Weder die Geschichte des Grutbiers noch die Tradition regionalen Brauhandwerks sind also schon zu Ende geschrieben. In Münster und Umgebung werden sie jedenfalls gerade sehr beeindruckend fortgesetzt. Hätten Sie das gedacht?

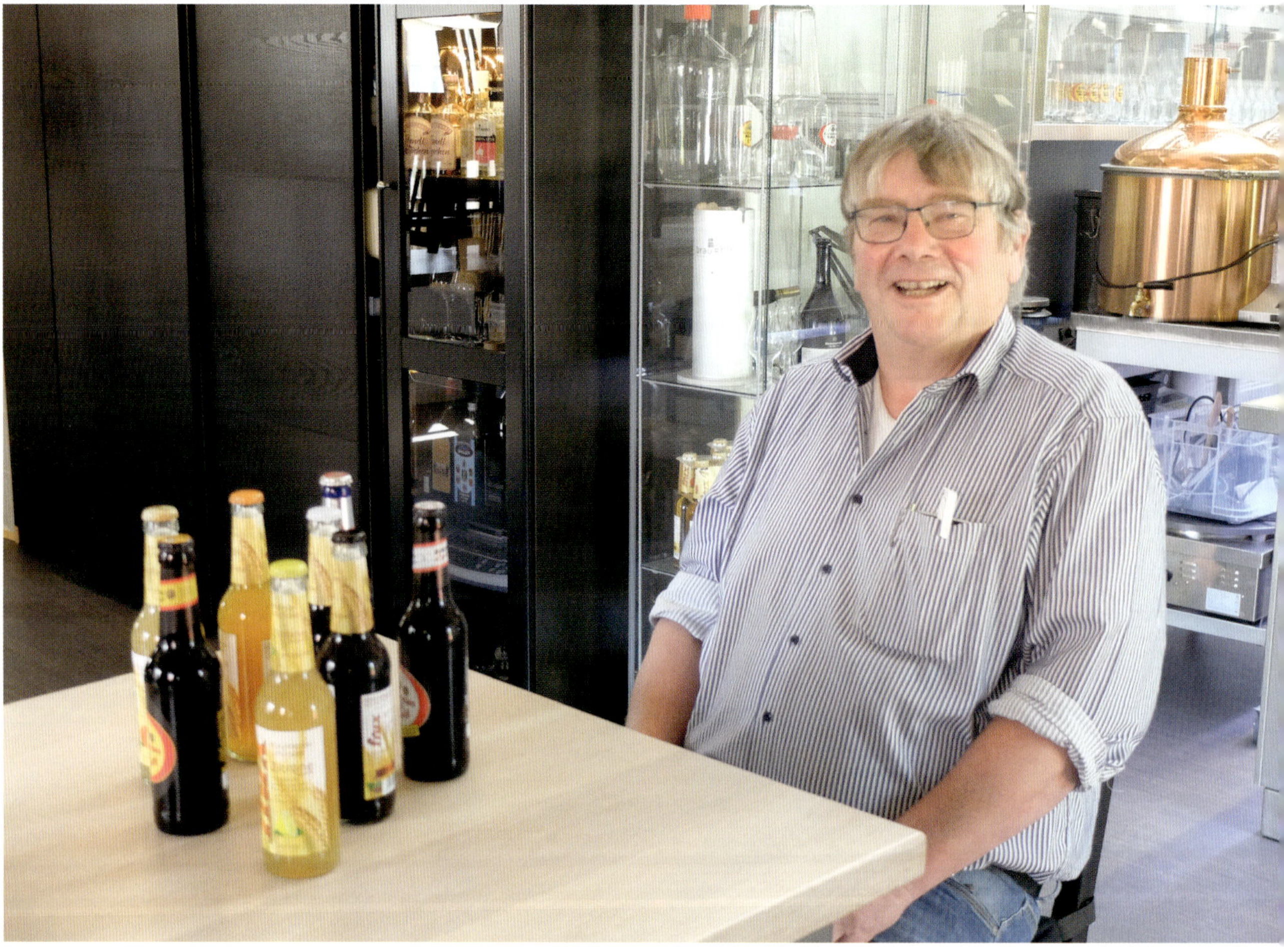

22
23
24
3.50
Feldschlösschen's Malzbiergelee
25
MALZ Light
26

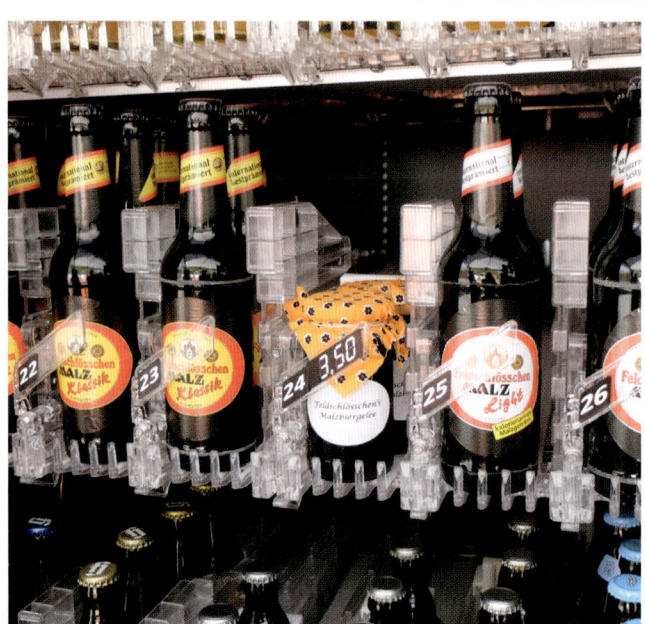

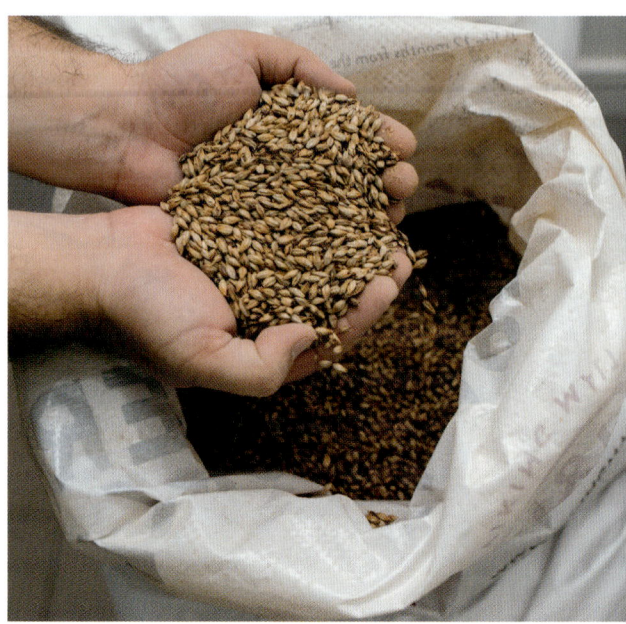

Bier und Malz, Gott erhalt's

FELDSCHLÖSSCHEN BRAUEREI

Feldschlösschen Brauerei GmbH
Brauereistraße 2
46499 Hamminkeln
Tel.: 02852 91320
www.feldschloesschen-brauerei.de

Eigentlich heißt es Malzbier und niemand würde ernsthaft glauben, dass es ein echtes Bier wäre. Nicht nur, weil das Malzbier in früheren Zeiten gerade schwangeren Frauen und jungen Müttern besonders empfohlen wurde, weil es so nahrhaft ist. Sondern weil vor einem richtigen Bier niemals „Malz-" vorweg stehen würde, obwohl das Malz natürlich im Bier eine große Rolle für den Geschmack spielt.

Dass nun aber auf den Flaschen der Feldschlösschen Brauerei in Hamminkeln nicht Malzbier stehen darf, obwohl welches drin ist, hat damit zu tun, dass die Deutschen erstmal generell beim Bier keinen Spaß verstehen und beim Reinheitsgebot schon gar nicht, erst recht nicht die Bayern. Wenn also einem Bier Zucker zugesetzt wird, dann darf das nicht mehr Bier heißen, nicht einmal als Zusatz im Nachnamen und selbst dann nicht, wenn es gar kein echtes Bier sein will. Dafür haben die aufrechten Bier-Bayern schon vor langer Zeit gesorgt. Glücklicherweise haben es die Feldschlösschen-Brauer infolgedessen aber vermieden, eine Bezeichnung wie „Malztrunk" oder ähnlich Schlimmes zu benutzen. Stattdessen haben sie schlicht „Malz Classic" auf die Etiketten gedruckt.

Also, unter uns, es ist Malzbier drin und zwar ein richtig gutes, so dass es sogar Wein- und Vollbier-Trinker ebenso wie Ausdauersportler gerne als vollmundige Erfrischung durch die Kehle laufen lassen.

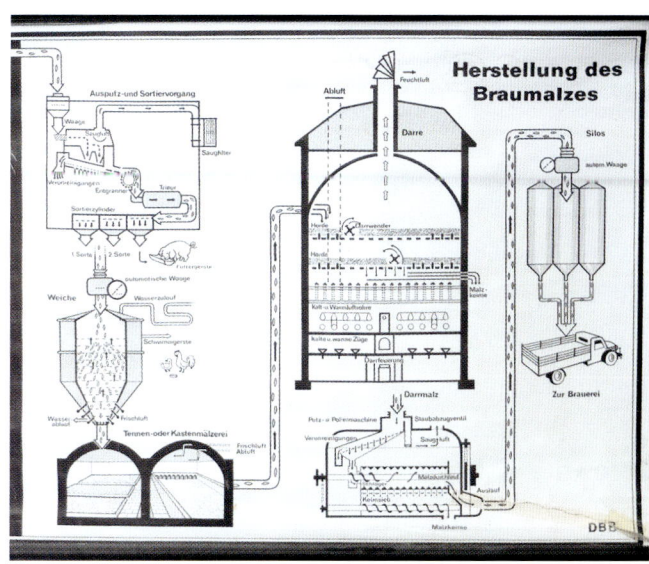

Tatsächlich wurde in der Familienbrauerei, die seit mehr als 150 Jahren in Familienbesitz ist, früher normales Bier mit Alkohol gebraut, bis sie als eine der ersten in Nordrhein-Westfalen auch ein alkoholfreies Malzbier produzierte. Das wurde am Niederrhein und darüber hinaus so beliebt, dass Wilhelm Kloppert senior seit den 1960er Jahren ausschließlich auf Malzbier setzte. Heutzutage ist Diplom-Braumeister Wilhelm Kloppert junior, ein leidenschaftlicher Biertrinker vor dem Herrn, für das Malzbier zuständig, das allerdings nicht mehr vor Ort, sondern nach hauseigenem Rezept bei der Stauder-Brauerei in Essen hergestellt wird. Bis zu einem gewissen Grad wird es da wie Bier gebraut, nämlich genau bis zu dem Moment, wenn die Hefe beginnen will, den Stärkezucker des Malzes in Alkohol umzuwandeln. Wobei es hier sogar drei verschiedene Malzsorten sind, die dem Malzbier neben den feinen Bitternoten des sparsam eingesetzten Hopfens die Aromen mitgeben, die es geschmacklich so hintergründig ausbalancieren. Neben dem Gerstenmalz sind es kleine Mengen von dunklem Farbmalz für die kaffeeähnlichen Röstaromen und die tiefdunkle Farbe sowie etwas Karamellmalz für das entsprechende Aroma. Abgerundet wird das Malz Classic mit einem flüssigen Brauzucker, der mit Rübenkraut-Nuancen zusätzlich für niederrheintypische Anklänge sorgt.

So entsteht eine ausgewogene Spezialität mit leichter Süße, malzigen Komponenten und dezent karamelligem Nachhall am Gaumen – ein insgesamt ganz außergewöhnliches Getränk.

Bleibt noch hinzuzufügen, dass die Brauerei in ihrem Hausladen darüber hinaus sehr bemerkenswerte Limonaden aus eigener Herstellung verkauft und auch für echte Biertrinker eine sehr lohnenswerte Anlaufstelle ist. Denn dort bietet Wilhelm Kloppert, der alles übers Bierbrauen weiß und dazu ein großartiger Unterhalter ist, von ihm persönlich durchgeführte Braukurse für kleine Gruppen an. Warum aber die in dieser Region sehr beliebte Mischung aus Altbier und Malzbier auf der Hamminkelner Seite des Rheins „Krefelder" genannt wird und auf der Krefelder Seite „Schuss", das weiß nicht einmal er.

Doch die fürchterliche Variante Altbier mit Cola nennt Kloppert schon seit jeher „Schweinebier".

BERGMANN BRAUEREI

Bergmann Brauerei GmbH
Elias-Bahn-Weg 2
44263 Dortmund
Tel.: 0231 9503901
www.harte-arbeit-ehrlicher-lohn.de

Es gab mal eine Zeit, da war das Ruhrgebiet für seine Biere mindestens genauso bekannt wie für seine Fußballvereine. Oder umgekehrt? Egal, aber vermutlich wurde gerade in Dortmund zu Beginn des 20. Jahrhunderts mindestens genauso viel Bier getrunken wie auf den Feldern und Wiesen rund um den Borsigplatz gebolzt. Selbst bei der Gründung des BVB im Jahre 1909 soll das Reklameschild der ehemaligen Borussia-Brauerei bei der Suche nach einem Vereinsnamen Pate gehangen haben – nämlich an der Wand eines Nebenzimmers im Wirtshaus „Zum Wildschütz", in dem die Sitzungsmitglieder tagten und wohl mangels einer besseren Idee ihre Borussia nach einem Bier tauften. Welches Bier und wie viel dabei auf dem Tisch stand, ist nicht überliefert, aber die Auswahl wäre groß gewesen, weil es zu dieser Zeit noch eine ganze Reihe von Brauereien in Dortmund gab, die die durstigen Bergleute nach der Schicht mit Pils und Export versorgten.

Noch in den 1970er Jahren war Dortmund beim Ausstoß Europas Bier-Hauptstadt Nr. 1, doch von da an ging's mit den Brauereien der Stadt genauso steil bergab wie mit den Zechen und Stahlwerken im ganzen Ruhrgebiet. Lediglich die Großbrauerei Dortmunder Actien-Brauerei ist aus dieser historischen Biertradition noch übrig, die aber gehört zum Marken-Portfolio der riesigen Radeberger-Gruppe und damit zum Oetker-Konzern, gilt also quasi nicht mehr.

Ohne große Tradition, dafür aber mit echtem Dortmunder Lokalkolorit, gibt es dafür wenigstens seit 2007 die Bergmann-Brauerei. Wieder, muss man präzise sagen, denn die ursprüngliche Bergmann-Brauerei, die 1972 nach fast 200 Jahren geschlossen wurde, bleibt so als schöne Erinnerung mit ihrem Markenzeichen erhalten. Das hat sich der neue Brauereigründer Thomas Raphael, ein Seiteneinsteiger aus dem Bereich Mikrobiologie, mehr aus einer Bierlaune heraus schützen lassen, bis ihn die Neugier an der Geschichte der Brauerei und anschließend die Lust auf ein neues Dortmunder Bier mit ein paar unternehmungslustigen Freunden zum ersten 6000-Liter-Sud eines Bieres nach Adam-Art inspirierte. Dieses Adam-Bier war früher ein, wie

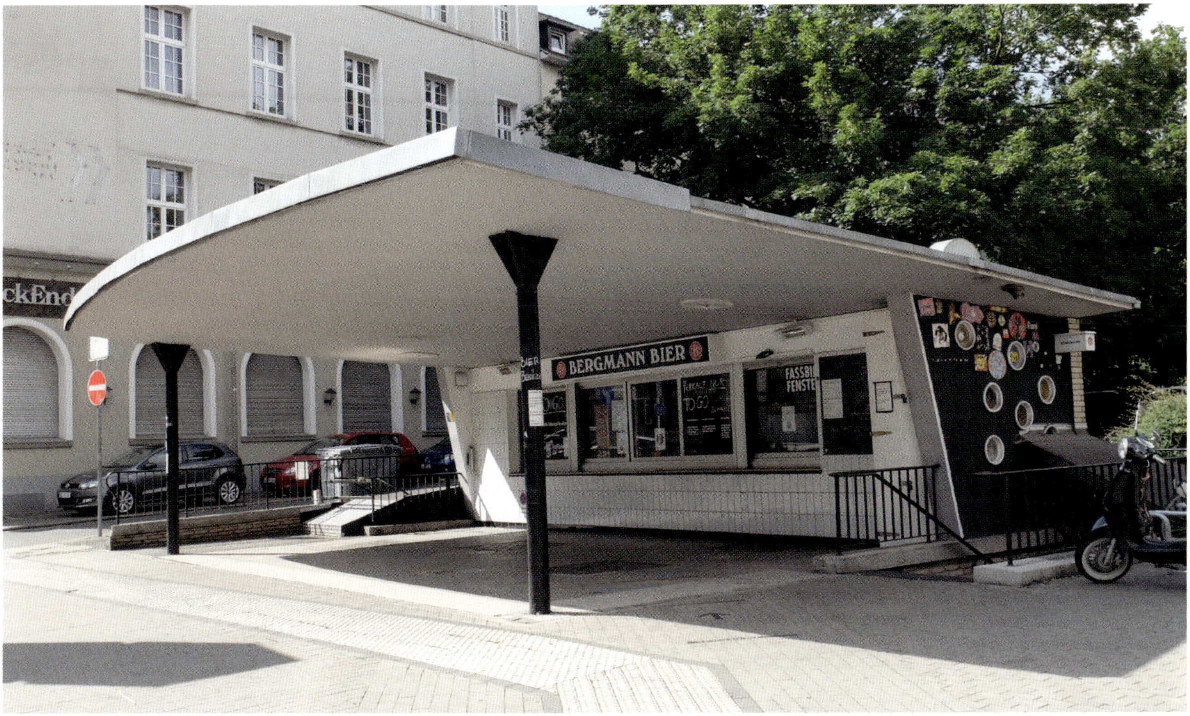
BERGMANN BIER

ADAM
DBB
Die Legende, neu aufgelegt
ADAM

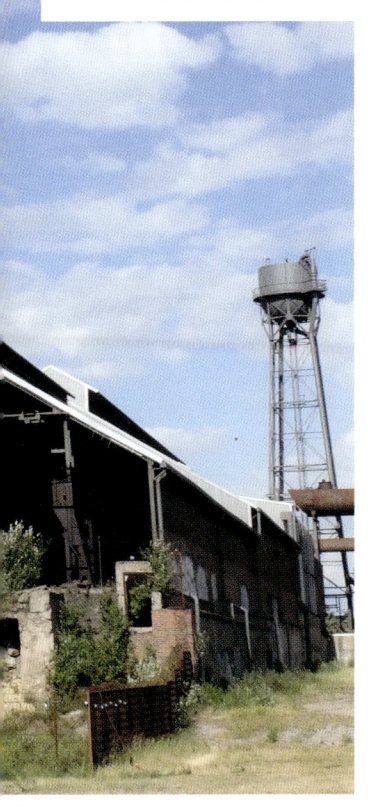

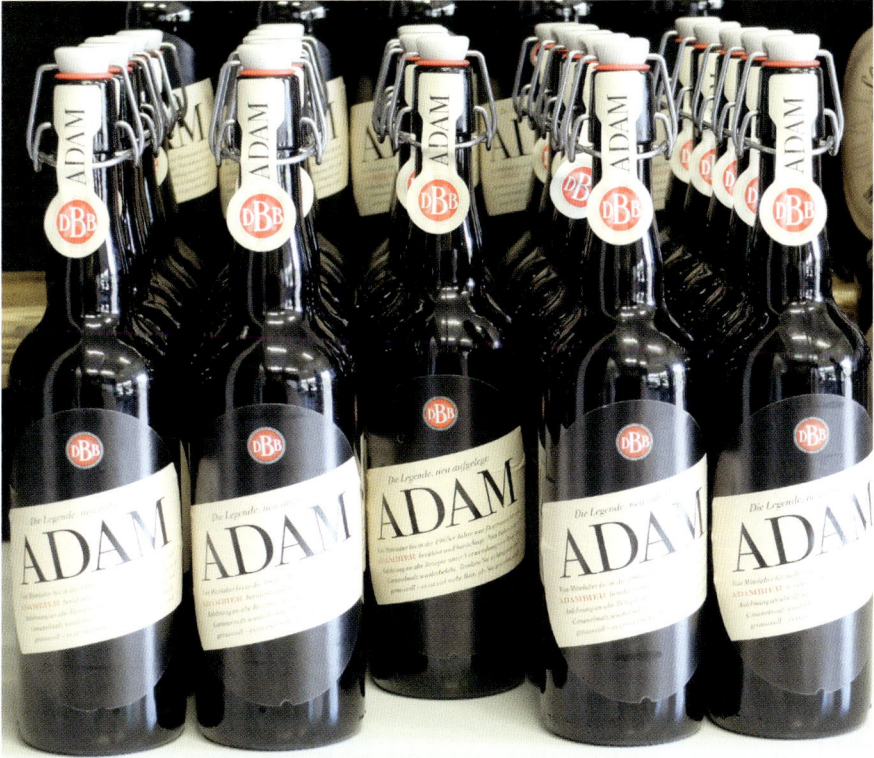

man so sagt, ebenso berühmtes wie berüchtigtes Bier der Handwerker und Bergleute, die einiges ihres ehrlichen Lohns für harte Arbeit in flüssige Nahrung umsetzten.

Die Legende lebt auch heute noch als kräftig dunkles, malzig-hopfiges Bier mit etwas höherem Alkohol in der traditionellen 0,7er Bügel-Flasche, denn aus der Bierlaune von Thomas Raphael ist inzwischen eine richtige, in Kohleschwarz gehaltene Brauerei in Hörde geworden, standesgemäß mit Blick auf den Hochofen 5 des ehemaligen Hochofenwerks Phoenix West.

Alles andere, vom Styling des Gebäudes mit seiner modernen Stehbierhalle bis zur Präsentation der Biersorten im Sixpack, folgt natürlich den heutigen Marketing-Regeln moderner Verkaufsstrategien, aber immer noch bodenständig genug, ohne ortsfremd abzutickern. Das Bier ist trotzdem gut geeignet für echte Liebe.

Meine Bierliebe gehört allerdings, wahrscheinlich altersbedingt, hier eher dem klassischen Dortmunder Pils und Export der Bergmänner als ihren modernen Craft-Biersorten, die vor allem jüngere Bierfreunde ansprechen. Probier ich immer gerne zwischendurch, um dann doch wieder am Export hängen zu bleiben. Nicht nur aus persönlich historischen Gründen, also weil ich in Dortmund studiert habe, sondern auch, weil dieser untergärige helle Bierstil anno dunnemals in dieser Stadt erfunden wurde, als man noch fast überall in Deutschland obergäriges Bier trank. Außer in Bayern, wo es sich die Dortmunder abgeguckt hatten und dann Export drauf schrieben, weil es gut haltbar war und deswegen auch außerhalb der Stadt transportiert werden konnte. Und mit dem die Dortmunder Brauer vielleicht deswegen bis in die 1970er Jahre so weltberühmt wurden wie der BVB, als die Männer um den legendären („an Gott kommt keiner vorbei außer …") Stan Libuda 1966 in Glasgow gegen Liverpool als erste deutsche Mannschaft einen Europapokal gewannen.

Jedenfalls ist das Bergmann-Export ein enorm süffiges Bier mit etwas weniger Hopfen-Bitter als das auch richtig gute Pils, aber mit vier Zehntel mehr Alkohol.

Wenn ich dann noch am denkmalgeschützten 50er-Jahre-Stehbier-Kiosk, den Brauereichef Thomas Raphael dankenswerterweise ebenfalls vor dem Verfall gerettet hat, mitten in der Innenstadt mein Bierchen aus der Flasche trinke und dabei den vertrauten Sound der anderen Ruhris um mich herum höre, dann, ach Mann, ich sachet euch, dann is dat wieder wie mein Dortmund von früher. Äch jetz.

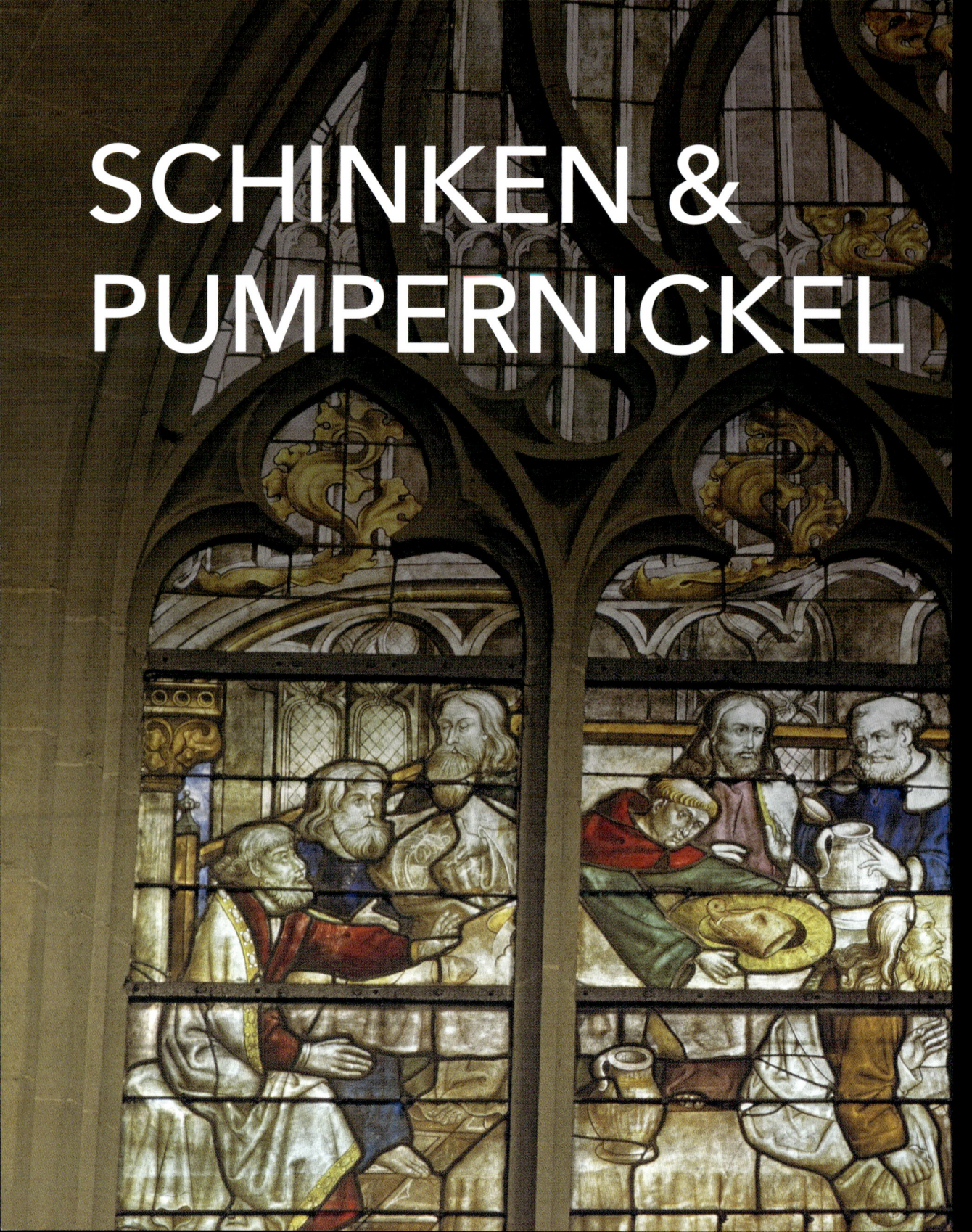

SCHINKEN & PUMPERNICKEL

Für einen echten Westfalen gehörten zu einem richtig guten Abendbrot schon immer Schinken und Pumpernickel. Ein Glück also, dass es diese landestypischen Spezialitäten noch in hervorragender Qualität gibt, wenn auch leider nur noch von wenigen Erzeugern, die sich wirklich an die traditionell handwerkliche Herstellung halten.

Dass Schinken und Pumpernickel in Kombination mit Bier und Korn sogar für höhere Weihen geeignet sind, hat ein unbekannter Künstler sogar schon vor rund 500 Jahren bei der Gestaltung eines Kirchenfensters verewigt.

Er grenzt allerdings schon an ein kleines Wunder, dass er die Darstellung des – eindeutig westfälisch geprägten – Abendmahls von Jesus und seinen Jüngern in der Soester Wiesenkirche tatsächlich mit Bildnissen der kulinarischen Devotionalien dieser Region so umsetzen durfte. Zeugt aber von gutem Geschmack.

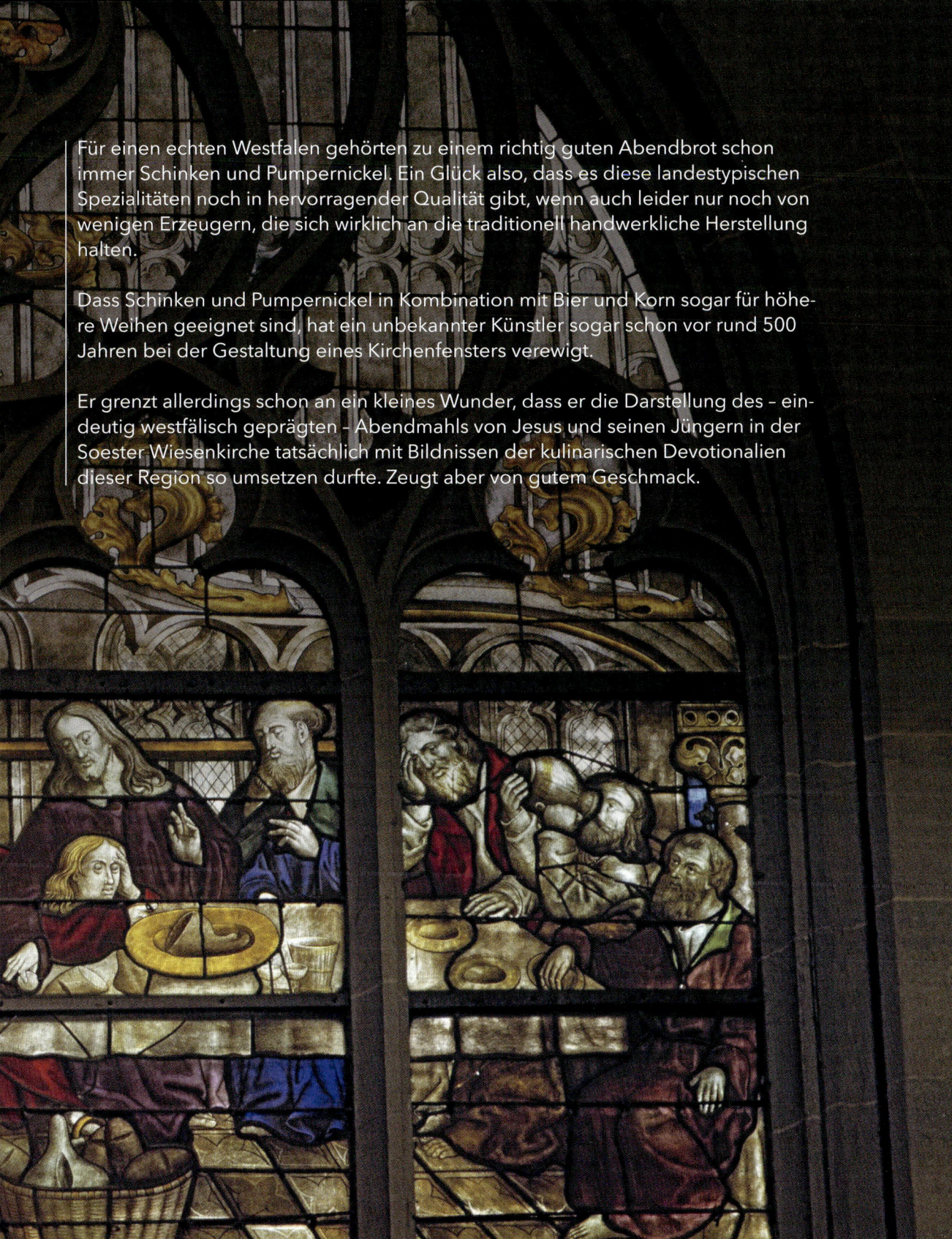

WESTFÄLISCHER SCHINKEN-HIMMEL

Schutzgemeinschaft Westfälische Schinken- und Wurstspezialitäten e.V.
www.schinkenland-westfalen.de

Schinken-Waltering GbR
Siemensstr. 9
48301 Nottuln
Tel.: 02502 6705
www.schinken-waltering.de

Gut Erpenbeck
Erpenbecker Str. 128
49525 Lengerich
Tel.: 05485 96090
www.gut-erpenbeck.de

SCHWARZ BROT, SCHLIMM BIER, GROB SCHWEINEKEIL, GIBT'S ALLENTHALBEN IN WESTFALEN. WER'S NICHT GLAUBT, MAG'S SELBST ERFAHREN

Auch wenn der aus Belgien stammende Kartograph Mercator noch im 16. Jahrhundert gleich drei westfälische Spezialitäten geradezu ungläubig in Bausch und Bogen verteufelte – am westfälischen Knochenschinken haben sich Ausländer und andere Zugereiste in alten Zeiten längst nicht so vehement abgearbeitet wie beispielsweise am Pumpernickel.

Die echten Gläubigen des Landes schätzten ihn so sehr, dass sie ihn bereits im 15. Jahrhundert im Nordfenster der Wiesenkirche in Soest verewigten. Dort ersetzt der Schinken zusammen mit einem ordentlichen Krug Bier in der westfälischen Variante des Abendmahls bei Jesus und seinen Jüngern das sonst übliche Brot und den Wein.

Überhaupt galt das mit Knochen gepökelte Schweinebein dann im 17. Jahrhundert als über die Landesgrenzen hinaus geschätzte Delikatesse, die sogar bis nach Köln und Mainz verschickt wurde.

Kein Wunder, kann man bis heute zu Recht sagen, denn wer einmal einen traditionell gereiften Schinken dieser Art probiert hat, wird sofort erkennen, dass dieser gar nicht grobe Schweinekeil mühelos mit den weltweit bekannten Artgenossen aus Parma und San Daniele mithalten kann. Nicht nur, weil er am Knochen in seiner verwittert archaischen Schönheit eine echte bella figura macht. Der original westfälische Knochenschinken ist auch geschmacklich ein großartiges Zeugnis traditionellen Metzgerhandwerks, herzhaft und fein zugleich.

Das liegt nicht nur am Röhrenknochen, der während der gesamten Reifezeit im Fleisch belassen wird und so durch seine Enzyme für eine besondere Aromatik sorgt. Es liegt auch an der Reifezeit von mindestens sechs Monaten, wobei Kenner natürlich lieber noch etwas länger warten und die bis zu zwölf oder mehr Monate gereiften Exemplare bevorzugen.

Ursprünglich immer geräuchert, gibt es ihn heute in zwei Varianten: etwas herzhafter wie früher zunächst über zwei, drei Wochen in Buchenrauch gehängt und dann luftgetrocknet oder ausschließlich luftgetrocknet. Die Verarbeitung der frischen Keule erfolgt immer gleich. Nach dem Hamburger Rundschnitt wird der Schinken mit dem Röhrenknochen darin von Hand mit einer Mischung aus Salz, Pökelsalz und Zucker eingelegt, nach etwa sechs Wochen abgewaschen und getrocknet, anschließend in die Reifekammer gehängt und erst vor dem Verkauf in unterschiedliche Stücke zerlegt.

Alle Mitglieder der Schutzgemeinschaft Westfälische Schinken- und Wurst-spezialitäten, erkennbar am EU-Siegel geschützter Herkunft, garantieren diese handwerkliche Herstellung und eine Reifezeit von mindestens sechs Monaten. Aber abhängig vom jeweiligen Metzger, der tatsächlichen Reifezeit und der Qualität des Schweinefleisches etwa im Sinne artgerechter Aufzucht kann sich die Klasse der Schinken erheblich unterscheiden, und so muss man sich doch selbst davon überzeugen, ob sie am Ende so gut schmecken, wie es der Ruf des westfälischen Knochenschinkens verdient.

Stellvertretend für die Artenvielfalt des Schinkens und seiner Erzeuger kann ich Ihnen aber guten Gewissens die Metzgerei Schinken Waltering in Nottuln und das Gut Erpenbeck in Lengerich empfehlen. Stefan Waltering hat nicht nur in seiner Funktion als Vorstand der Schinken-Schutzgemeinschaft einen sehr guten Ruf zu verlieren, sondern ist auch persönlich ein großer Schinkenliebhaber, der seine Prachtexemplare während der 12-monatigen Reifezeit immer wieder persönlich per Auge und Hand überprüft, weil sich sinnliche Erfahrung eben nicht durch Produktionsautomatismen ersetzen lässt. So kann man sich bei den ausschließlich luftgetrockneten Waltering-Schinken immer auf zarte Struktur und den feinen nussigen Geschmack verlassen, für den der Knochenschinken generell bekannt ist. Natürlich nur, wenn man die alte westfälische Genießerregel „dünn snieden, dick upleggen" beherzigt. Letzteres gerne dreifach – mit gut Butter und echtem Pumpernickel drunter.

Das gilt ebenfalls für die Schinken des Guts Erpenbeck, wo der Besuch dieses historischen Gräftenhofs von 1260 allerdings erheblich romantischer ausfällt. Gräften nennt man die Wassergräben rund um die bäuerlichen Anwesen Westfalens aus dem Mittelalter; das denkmalgeschützte Gut Erpenbeck ist eines der schönsten Fachwerk-Ensembles dieser Art.
Natürlich wird hier die westfälische Tradition von der Familie Erpenbeck in jeder Hinsicht groß geschrieben, die Tradition des Knochenschinkens ist allerdings erheblich jünger als die des Hofes. Es war die Großmutter des heutigen Inhabers Gerd Erpenbeck, die u. a. auf die Vermarktung des hofeigenen Schinkens setzte, als das Gut Ende der 1960er Jahre vor dem wirtschaftlichen Aus stand. Ihr Originalrezept bleibt selbstverständlich in der Familie, den Schinken gibt es in drei Spielarten: sanft geräuchert mit Buchenspänen aus dem eigenen Wald, luftgetrocknet in der hofeigenen Scheune oder eben das Großmutter-Original mit der geheimen Kräuterwürzmischung.
Aber wenn ich schon mal da bin, kauf ich eh immer alle drei.

DIE LEGENDE LEBT

**Westfälische Pumpernickel-
und Schwarzbrot-Bäckerei
Kaspar Prünte**
Niedersachsenring 80
48147 Münster
Tel.: 0251 2301511
www.pruentes-pumpernickel.de

Bäckerei Holtermann
Kirchplatz 5
59348 Lüdinghausen
Tel.: 02591-8182
www.facebook.com/baeckerei.
holtermann

Zwar wird Deutschland weltweit für seine Brotkultur genauso heftig gepriesen wie für die Vielfalt seiner Biere. Doch darf man getrost vermuten, dass, wenn es tatsächlich drauf ankäme, die meisten Engländer, Franzosen, Spanier und Italiener lieber unser Bier trinken würden, als so ein kräftiges Sauerteigbrot mit hohem Roggenanteil zu essen. Dafür hängen sie dann wohl zu sehr an ihren milden Weißbrot-Varianten, um sich wirklich mit den dunklen Brotlaiben unserer Bäckertradition anfreunden zu können.

Am Pumpernickel, dem schwärzesten aller deutschen Brote, lässt sich diese Abneigung bis in frühere Jahrhunderte nachweisen. Sogar der Name Pumpernickel, so geht eine der Legenden, könnte auf Napoleon Bonapartes Erschrecken vor diesem seltsam krustenlosen Brotlaib ohne Teigporen zurückzuführen sein. „C'est bon pour Nicol" soll er bei einem Zwischenstopp auf seinen Feldzügen nach dem Probieren ausgerufen haben, und meinte mit Nicol sein Pferd. Wenn sie den französischen Satz sehr schlecht aussprechen, kommen Sie einigermaßen auf Pumpernickel.

Die westfälisch orientierte Legende ist nicht schöner: Danach bedeutete „pumpern" früher „furzen" und ein „Nickel" war ein mieser Geselle. Wenn Sie das nun wieder dementsprechend zusammensetzen, ist das auch keine genießerische Empfehlung für ein Brot.

Erst recht nicht verdient hat dieses haltbare Ausnahmebrot aus Roggenschrot die überlieferten Kommentare, mit denen sich selbst berühmte Dichter am wehrlosen Pumpernickel abarbeiteten. Einen „harten klebrigen Stein", nannte ihn Voltaire. „Welch armes Volk, das seine Erde essen muss", nannte ein holländischer Humanist die Westfalen. Der päpstliche Nuntius Fabio Chigi soll sich sogar zu der Äußerung verstiegen haben, dass man „diesen scheußlichen Fraß" selbst Bettlern und Bauern nicht vorwerfen könne. Und angeblich rief der Pumpernickel bei den internationalen Delegationen, die 1648 zu Verhandlungen nach Münster kamen, blankes Entsetzen hervor. Der westfälische Frieden kam bekanntlich trotzdem zustande.

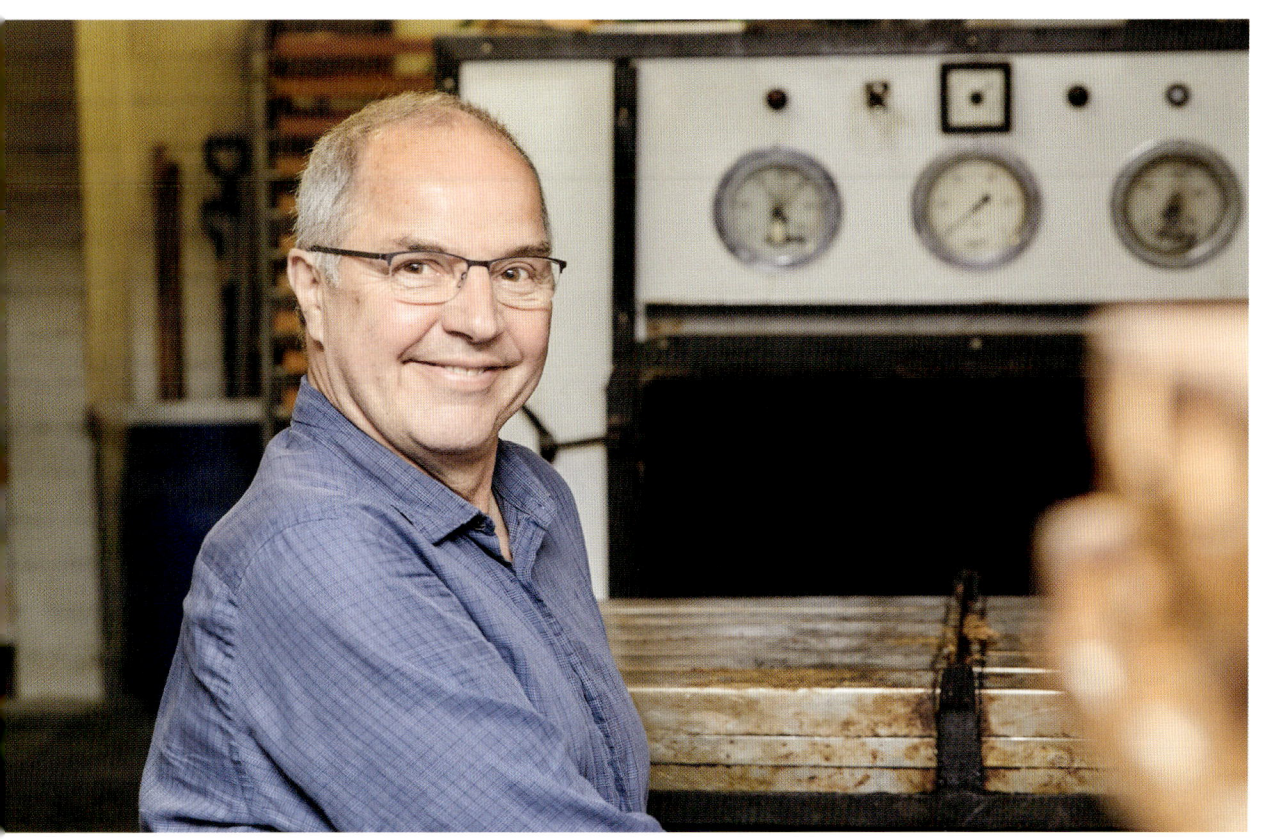

Jetzt aber Schluss mit dem Pumpernickel-Bashing früherer Zeiten, kommen wir endlich zum zeitgemäß höchsten Lob dieses westfälischen Brot-Monuments, das als einziges Brot Deutschlands und der Welt den maskulinen Artikel „der" tragen darf und sich nicht mit dem allgemein neutralen Brot-„das" begnügen muss. Saftig, leicht klebrig, süßlich herb im Geschmack – das macht dem traditionellen Pumpernickel kein anderes Brot auf der Welt nach.

Eigentlich müssten es alle echten Brotfans hochjubeln, denn naturreiner kann ein Brot nicht sein, das übrigens mit EU-Siegel herkunftsgeschützt ist. Aber nur, wenn es hauptsächlich aus Roggenschrot, Wasser und Salz besteht. Als weitere Zutaten sind Hefe, Getreidemalz und Rübenkraut erlaubt. Sonst nichts. Dass daraus eine solche, ja, weltweit einzigartige Spezialität entstehen kann, dafür sorgt die Erfahrung des Bäckers, niedrige Backtemperatur und viel Zeit im Ofen.
Mindestens 16 Stunden bei etwas über 100 Grad in geschlossenen Backformen – im Grunde genommen wird der Pumpernickel gar nicht gebacken, sondern geduldig gedämpft. Während dieser Zeit verändert sich die aufgeschlossene Stärke des Roggens in Zucker, der danach karamellisiert und das Brot so dunkel färbt.
Da dieses alte Verfahren dem Bäcker während der ganzen Zeit den Ofen komplett für andere

Backwaren blockiert, gibt es nur noch sehr wenige Betriebe wie Holtermann in Lüdinghausen-Seppenrade, wo der Pumpernickel seit über 150 Jahren schon in der sechsten Generation immer noch auf dieselbe Art und Weise sogar ohne Hefe und Rübenkraut hergestellt wird. Da der sympathisch homepage-lose Familienbetrieb seinen Pumpernickel nur im Laden der Bäckerei vor Ort verkauft, müssen Sie allerdings selbst dort hinfahren. Nehmen Sie sich Zeit mit, denn die Ausflugspause dort können Sie sich mit den großartigen Kuchen und Teilchen des Hauses versüßen. Oder mit echten Pumpernickelschnittchen westfälisch genießen.

Nicht ganz so weit wie bei Holtermann reicht die Geschichte der Bäckerei Kaspar Prünte in Münster zurück, die 1929 gegründet wurde. Dort leistet man sich immerhin als Zugeständnis an die Moderne eine eigene Homepage, über die man den Prünte-Pumpernickel sogar bestellen kann. Aber ansonsten ist Prünte eine schön altmodische Bäckerei im besten Sinne geblieben, in der all die guten Brote und Kuchen mit Sorgfalt und Zeit nach eigenen Rezepten gebacken werden. Die Urenkelin des Gründers, Konditormeisterin Barbara Altrogge, hat sich schon vor Jahren endgültig gegen den auch im regionalen Handwerk grassierenden Wachstumswahn mit Gewinnmaximierung und bewusst für gelebte Bodenständigkeit entschieden.
Für ihren Pumpernickel (Steckbrief: Roggenschrot, Wasser und Salz, 18 Stunden bei 110 Grad) wird der Teig gut zwei Stunden geknetet, bis er nach Erfahrung, Bindung und Gefühl backfertig ist. Nun wird er neun-Pfund-weise in die nur an der Kopfseite offenen Backformen gefüllt und in die vor Jahrzehnten eigens dafür gebaute Garkammer geschoben.
Was dann als fertiger Pumpernickel wieder rauskommt, ist schlicht unvergleichlich, eine großartige Symbiose aus herzhaftem Roggenschrot mit feiner Süße und durchdrungener Feuchte mit perfekt leichter Klebrigkeit.
Pumpernickel, möchte man ausrufen, dein Name sei fortan Prünte.

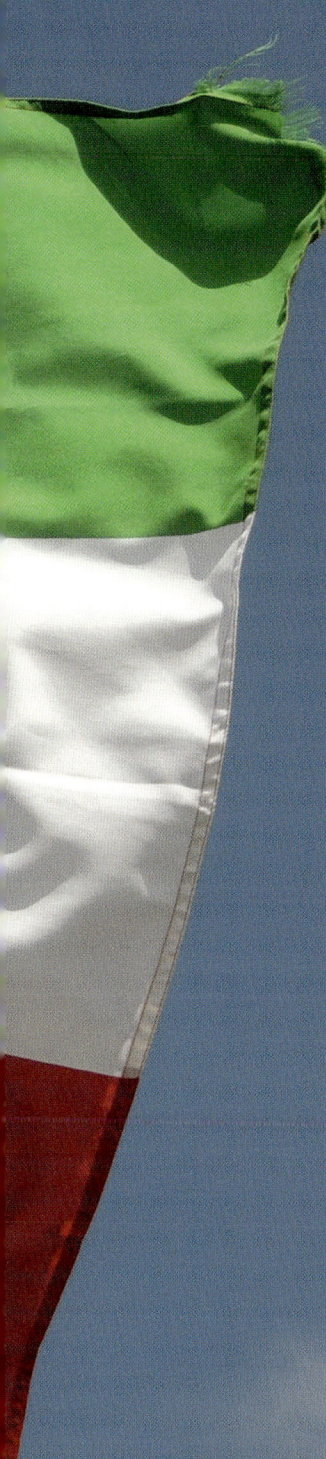

ELDORADO FÜR GROSSARTIGEN GENUSS
HERVORRAGENDE EINZELBETRIEBE

Echter Mozzarella aus Borken, steingemahlener Senf aus Schwerte, blonde französische Rinder aus Reken, halbwilde Puten aus Gütersloh und göttliche Knööp aus Mönchengladbach – das sind nur einige der großartigen Spezialitäten in diesem Kapitel, die aus unserem Bundesland kommen und die uns auch bundesweit so schnell keiner nachmacht.
So unterschiedlich wie diese Produkte sind, haben sie alle viel gemeinsam: Es sind handwerklich produzierte Lebensmittel von qualitätsbewussten Herstellern, die im Gegensatz zum Marketing-Getöse der großen Supermarktketten und Discounter den Begriff „regional" wirklich glaubhaft ernst nehmen.

Meistens sind es sogar Familienbetriebe mit langer Tradition, aber immer stehen auch alle anderen persönlich mit ihrer Überzeugung ehrlich und offen für das, was und wie sie produzieren. Davon können Sie sich jederzeit vor Ort selbst überzeugen.

Und auch davon, wie lecker das alles ist.

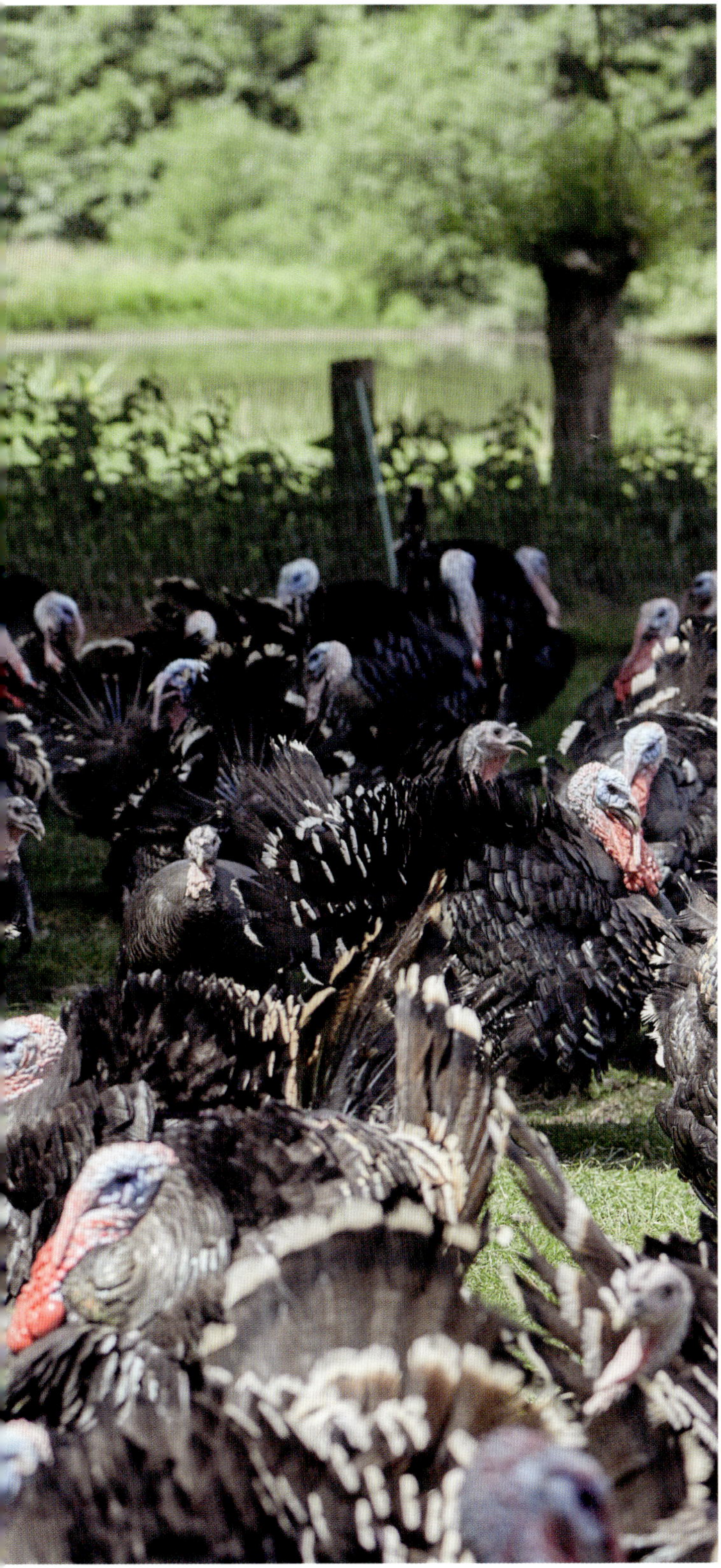

Wo die wilden Puten leben

MEIERHOF RASSFELD

Meierhof Rassfeld
Meier-zu-Rassfeld-Weg 13
33330 Gütersloh
Tel.: 05241 337280
www.meierhof.de

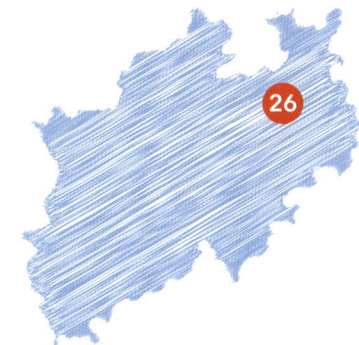

Bauern Faust und Bauernfleiß,
ob auch selten man sie preist,
sind des Staates Quell und Macht,
sind die Sieger in der Schlacht.
Wohl der Staat, der dies bedacht.
(Inschrift an der Hofseite der Fachwerk-Remise des Meierhofs)

Das ist mal ein Statement längst vergangener Zeiten, mit dem der Meierhof Rassfeld so beredt Zeugnis ablegt (um mal kurz im sprachlichen Duktus dieser Inschrift zu bleiben) vom historisch westfälischen Gutsherrenbewusstsein des Landadels. Aber die fast 1000 Jahre Familien- und Hofgeschichte manifestiert sich glücklicherweise nur noch in der ländlichen Pracht dieses wunderschön gelegenen herrschaftlichen Anwesens, das allein schon den Besuch wert ist.

Der Meierhof heute ist ein modern geführter Bauernhof, der absolut erstklassiges Geflügel anbietet. Vor allem die außergewöhnlichen Puten, die hier fröhlich glucksend im Freien herumkollern, sind Fleischqualität, die man auch anderswo in Deutschland nur sehr selten bekommen kann. Es sind Bronze-Puten aus der Zuchtlinie eines Engländers namens Derek Kelly, der in den 1980er Jahren begann, seinen Putenhof in Großbritannien von den gängigen weißen Putenrassen der Massenzucht wieder auf diese alte Rasse umzustellen, die ursprünglich aus Mexiko kommt. Schon die Azteken und Maya schätzten nämlich die Pute, die stammesgeschichtlich von den wilden Truthähnen Mittelamerikas abstammt, als willkommenes Haustier wegen des Fleisches und wegen der nützlichen Federn und Knochen.

Vielleicht brachte das die Kelly-Familie auf die Idee, sie auch noch unter dem Label „Bred to be wild" zu vermarkten und sie tatsächlich im Freien aufzuziehen, was die etablierte englische Putenzüchter-Gilde damals für komplett verrückt hielt. Dass die wiederum komplett falsch lag, zeigt der Erfolg der Kellys mit ihrer Bronze-Pute, für die sie später sogar von der Queen persönlich gelobt wurden, und für die sie, noch wichtiger, die Handelszulassung für die USA erhielten, dem Mutterland traditioneller Thanksgiving-Truthahn-Völlereien. Aber nicht deswegen ist es ein großes Verdienst des Meierhofs, dass wir alle das Fleisch dieser Puten nun auch bei uns genießen können. Die Mitgliedschaft des Meierhofs im Neuland-Verein belegt zudem den Anspruch auf artgerechte Tierhaltung beim gesamten Hofgeflügel, auf echte regionale Erzeugung und praktizierte Nachhaltigkeit.

Die Kelly-Puten sind so robust, dass sie selbst bis in den nassen und kühlen westfälischen Herbst hinein die meiste Zeit im Freien verbringen können, sich viel bewegen, über neun Monate langsam aufwachsen und eben nicht mit Turbofutter auf schnellen Gewichtzuwachs gemästet werden. Das Ergebnis ist ein fein marmoriertes Putenfleisch von einer Struktur und Geschmack, das jedes andere Putenfleisch aus der ansonsten in Deutschland üblichen erbärmlichen Massenhaltung im Wortsinn blass, trocken und faserig aussehen lässt. Egal ob Brust oder Keule, das Putenfleisch des Meierhofs ist schlichtweg eine Klasse für sich. Ein großartiger, mit keinem anderen Geflügel und auch mit keiner anderen Fleischsorte vergleichbarer Genuss. Auf die wirklich feine Gutsherrenart.

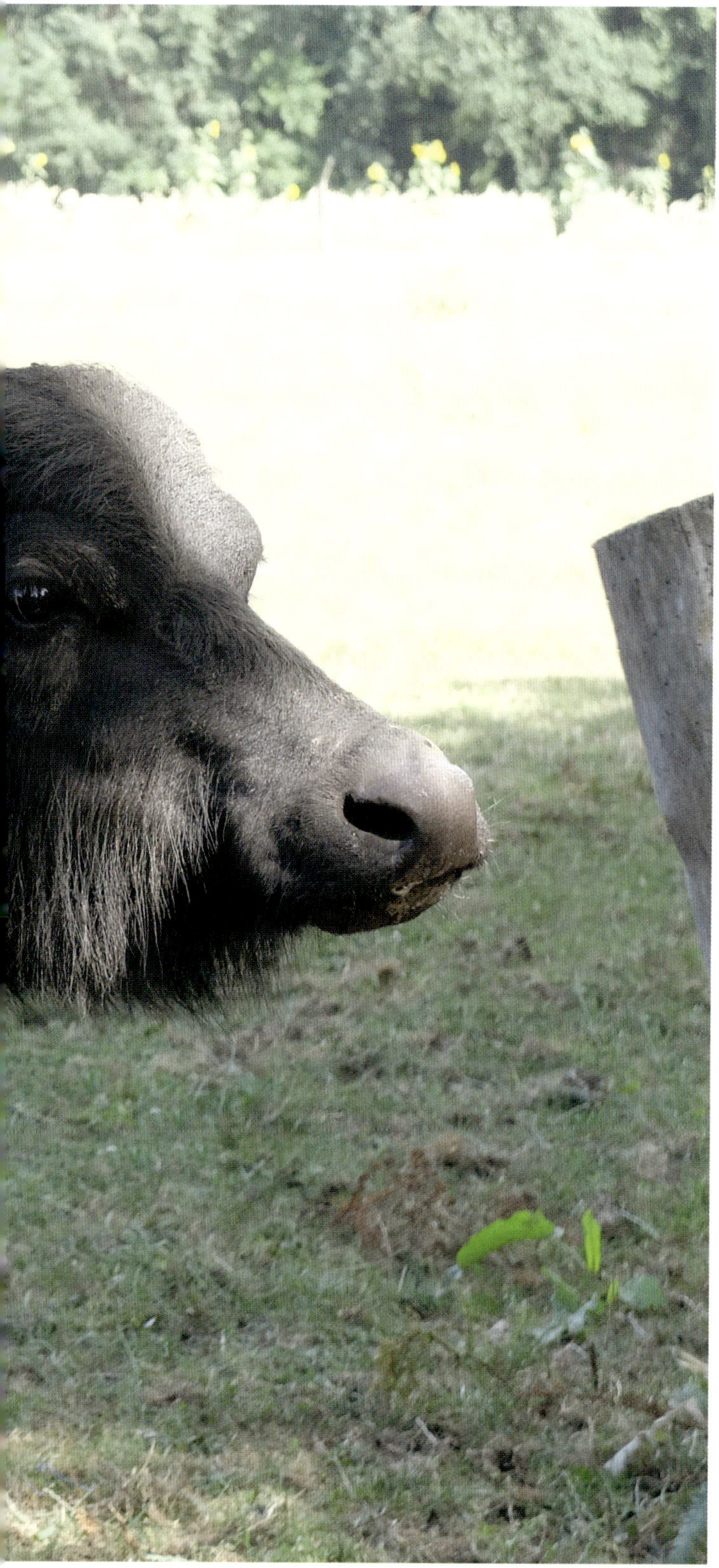

Dolce vita im Münsterland

BÜFFELHOF KRAGEMANN

Büffelhof Kragemann
Kotts Stegge 5
46397 Bocholt
Tel.: 02871 39427
www.bueffelhof-kragemann.de

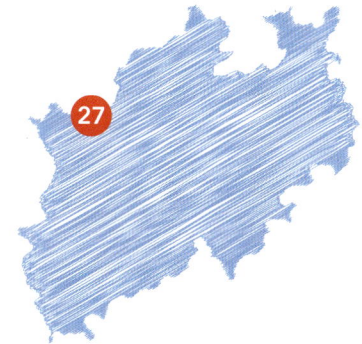

Sensibel wie ein Pferd, stur wie ein Rind und treu wie ein Hund: So fasst Sylvia Mölders die Charaktereigenschaften ihrer Wasserbüffel zusammen, die seit 2004 auf dem Büffelhof Kragemann sehr entspannt vor sich hin grasen. Heute sei es echte Liebe, fügt sie hinzu, und wenn man sich die freundlichen schwarzen Kolosse beim Umgang mit ihr ansieht, beruht das zweifellos auf Gegenseitigkeit.

Begonnen hat das alles mit der Liebe zum echten Büffel-Mozzarella, den Sylvia und Martin Mölders in einem italienischen Restaurant kennenlernten. Da sie gerade auf der Suche nach einer wirtschaftlichen Nische für ihren Bauernhof waren, kamen sie auf die für das westliche Münsterland ja durchaus originelle Idee, rumänische Wasserbüffel anzuschaffen.

Das war einfach, aber dann wurde es schwieriger, eben wegen der Büffel'schen Sensibilitäten, mit denen man erst mal zurechtkommen muss. Vor allem auch, wenn man an die Büffelmilch kommen will. Zehn Jahre hätten sie gebraucht, um die Büffel zum Melken zu überreden, erinnert sich die Bauersfrau, dann war es soweit, dass sie sich mit den Büffeln darauf einigen und der erste Büffel-Mozzarella produziert werden konnte. Der schmeckte den beiden Mölders allerdings nicht halb so gut wie das Original vom Italiener. Inzwischen sind sie der Meinung, dass Deutsche einfach nicht das richtige Händchen haben für die Herstellung des Mozzarellas an sich. Dessen charakteristische Konsistenz hinzubekommen – zwar weich, aber trotzdem etwas dehnbar, gleichzeitig schön milchig, aber trotzdem noch mit etwas Biss – ist eine handwerkliche Kunst, für die man doch mehr traditionell überliefertes Wissen aus Italien braucht und mehr Erfahrung, als wir hier normalerweise haben.

Dass der hofeigene Büffel-Mozzarella heutzutage aber sogar besser schmeckt als fast alles, was man bei uns an importiertem Büffel-Mozzarella aus Italien kaufen kann, hatte in den ersten Jahren mit zwei Italienern zu tun, die aus Kampanien rund um Neapel stammen, der Ursprungsregion dieser Spezialität. Die beiden wussten, wie man die Pasta filata für den Mozzarella, also den

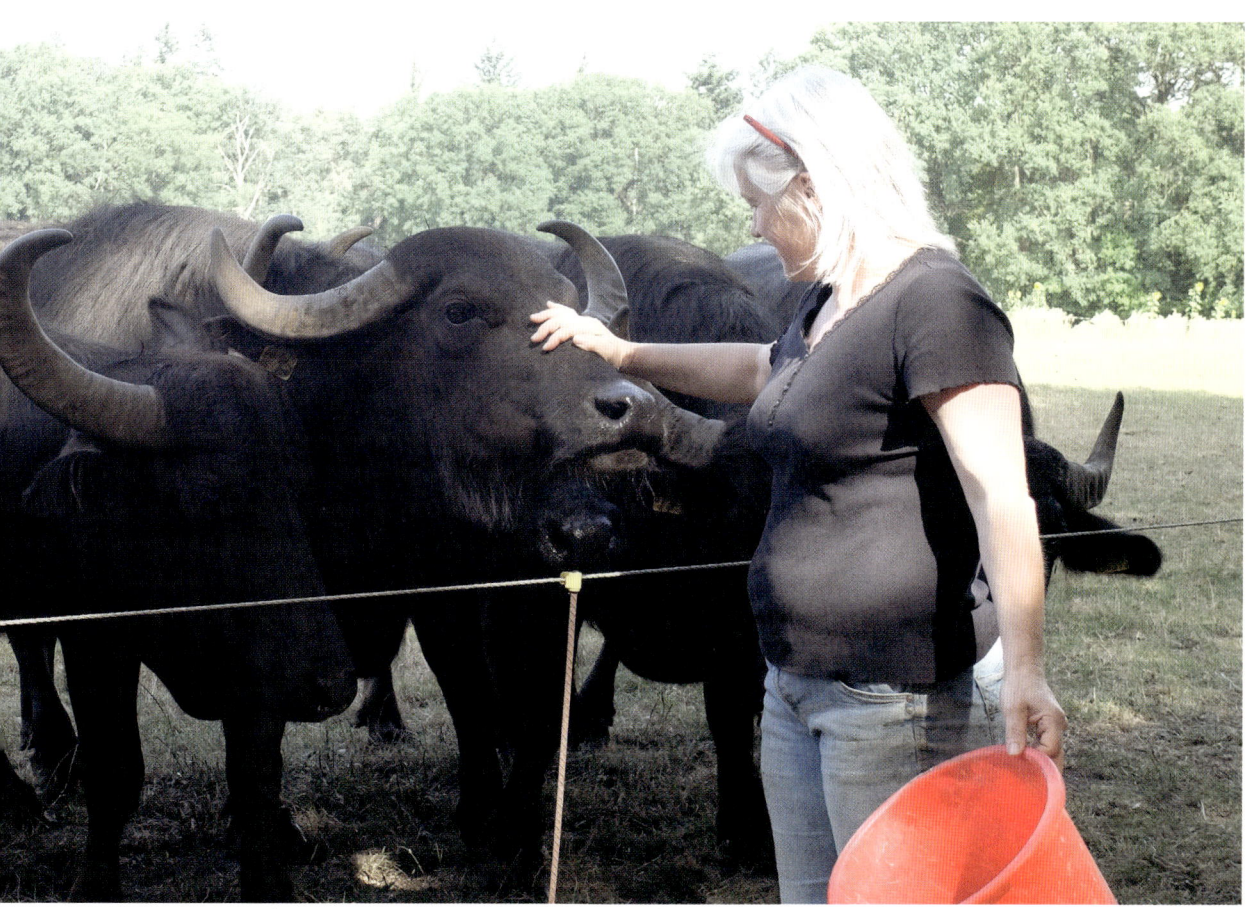

gezogenen Teig, während des sensiblen Dehnens mit kochendem Wasser überbrüht, damit er richtig gelingt. 100 Liter der schneeweißen, fettreichen Milch ergeben gerade mal etwa 25 Kilo Mozzarella, die dann als große und kleine Kugeln verkauft werden.

Diese Delikatesse produziert heute eine kleine Käserei in den nahen Niederlanden genauso gut wie vorher die Italiener. Also kulinarisches Multikulti vom Feinsten, da zeigt sich Europa doch einmal von seiner schönen Seite.

Die Wasserbüffel können Sie bei Exkursionen unter dem Motto „Mit dem Büffel auf du & du" gerne kennenlernen, ein außergewöhnlich sinnliches Erlebnis. Aber vergessen Sie nicht, auch den Büffel-Brie zu probieren, die Milch selbst und das dunkelrote Büffelfleisch mit seiner wild-aromatischen Note. Oder das großartige Fleisch der Berkshire-Schweine, eine der ältesten Edel-schweinrassen, die ursprünglich aus England stammen, aber ebenfalls hier zu Hause sind. Die dürfen auch nach dem Brexit bleiben.

NATURLAND- UND ARCHEHOF BÜNING

Naturland- und Archehof Büning
Borghorster Str. 67
48366 Laer
Tel.: 02554 8620
www.naturlandhof-buening.de

Auf den ersten Blick ist der Bauernhof von Maria Büning eine einzige Idylle für Tiere. Wo man auch hinsieht: große offene Ställe, grüne Wiesen, Streuobstbäume unter dem weiten westfälischen Himmel. Kühe, Ochsen, Schweine, Lämmer und Hühner sorgen mit ihrem Gegacker, Muhen, Mähen und Grunzen für eine Geräuschkulisse, die für jeden Verkehrslärm gewöhnten Städter wie pure Entspannungsmusik in den Ohren klingt.

Dem interessierten Genießer signalisiert sie: Hier fühlen sich sämtliche Viecher wohl und führen ein sorgenfrei artgerechtes Leben erster Klasse, das sich, wenn unweigerlich ihr letztes Stündchen schlägt, in hoher Fleischqualität niederschlägt. Denn das hier ist trotz aller Idylle kein Ponyhof oder Streichelzoo, sondern ein bäuerlicher Wirtschaftsbetrieb, dessen Zweck dem Lebensunterhalt des Ehepaars Büning und den Mitarbeitern dient, unter dem Motto: Aufessen, um zu überleben.

Hier werden nur alte Tierrassen gehalten, die es nur noch selten gibt oder die ganz vom Aussterben bedroht sind. Ganz oben auf dieser Liste: die Bunten Bentheimer Schweine, von denen es in den 1990er Jahren nur noch so wenige Zuchtsauen gab, dass die Rasse aufgrund des Engagements einiger Züchter und Landwirte nur ganz knapp gerettet werden könnte. Dabei haben die schwarz gepunkteten Borstenviecher mit den langen Schlappohren alle Vorteile, die Hausschweine in früheren Zeiten generell so beliebt gemacht haben. Sie sind robust und genügsam, lassen sich nicht schnell stressen, halten problemlos Außentemperaturen unter 10 Grad aus und setzen ordentlich Speck an.

Dafür brauchen sie allerdings auch mindestens 9 Monate, während eine normale Zuchtrasse heutzutage schon mit 5 Monaten auskommt. Und dabei erheblich weniger Fett ansetzt. Geschmacklich und was die saftige Struktur des Fleisches angeht, natürlich ein gewaltiger Nachteil gegenüber den Bentheimern, aber ein wirtschaftlicher Vorteil für den Bauern, weil die Kasse schneller klingelt. Wenigstens ein Vorteil für den Kunden? Weil mager, also besser für die Figur? Kommt auf die Sichtweise an. Aber in den 1950er und 1960er waren die Schweine fett und die Menschen mager. Heute sind die Schweine mager und die Menschen … Also, ich meine, an den Schweinen kann es nicht liegen.

Probieren geht sowieso immer über Studieren und das gilt neben der erstklassigen Fleischqualität der Bentheimer auch für alle anderen Fleischsorten des Archehofs, der zusätzlich zur Bioland-Zertifizierung die noch strengeren Richtlinien des Naturland-Verbandes für Tierhaltung befolgt.

Schwarzbunte Niederungsrinder und rotes Höhenvieh in Mutterkuh-Haltung, Shropshire-Schafe aus England oder bei den Hühnern für die Eier und die Suppe Westfälische Totleger, Aracauna-Grünleger und Vorwerkhühner (nicht mit dem Staubsauger verwandt) sowie die Bresse-Edelrasse „Les bleus" als Hähnchen führen alle ein erheblich besseres und längeres Leben als ihre Artgenossen auf konventionellen Höfen, inklusive Freilauf und gesundem Futter. Eine echte Fundgrube für alle, denen nicht nur das eigene Futter wirklich etwas wert ist, sondern der offene Blick über den Tellerrand ebenfalls etwas bedeutet.

GRAFSCHAFTER WEINBERGSCHNECKENZUCHT

Grafschafter Weinbergschneckenzucht
Kohlenhucker Weg 207
47445 Moers
Tel.: 02841 780986
www.gwsz.de

Manchmal ist es vielleicht doch nur eine Frage der Bezeichnung, ob man Appetit bekommt. Nehmen Sie doch mal „Escargot de Bourgogne" und lassen Sie sich die Worte zunächst mal in feinem Französisch auf der Zunge zergehen. Schon schön, oder? Jetzt stellen Sie sich dazu noch frische Kräuterbutter im Pfännchen vor und schon läuft das Wasser im Mund zusammen. Oder? Im Vergleich dazu nun „Weinbergschnecke vom Kohlenhucker Weg", was bei vielen von Ihnen vermutlich eher den Reiz zum Weiterblättern erhöht und zwar ohne jeglichen Speichelfluss.

Aber jetzt mal langsam, denn hinter beiden Bezeichnungen verbirgt sich dieselbe Delikatesse, nämlich die echte Weinbergschnecke „Helix Pomatia". Die sich, um es gleich dazuzusagen, im Mund keineswegs gummiartig oder wabbelig anfühlt, sondern mit leichtem Bisswiderstand erdig-nussig schmeckt, wenn sie richtig gegart wird. Und wenn sie von der „Grafschafter Weinbergschneckenzucht" in Moers stammt, von deren Zuchtanlage aus zwar weit und breit keine Weinberge zu sehen sind, dafür die von einer ehemaligen Zeche übrig gebliebene Kohlenhalde. Die würde eine echte Weinbergschnecke sicher nicht zum artgerechten Umfeld erklären, aber einen richtigen Weinberg braucht das wirbellose Kriechtier mit dem Häuschen auf dem Rücken auch nicht als Biotop. Nur viel feuchtes Grün als Schutz vor der Sonne und viel Kalk im Boden, wie er etwa für die Weinberge der französischen Bourgogne typisch ist. Wobei die Escargots aus dem Mutterland des Genießens leider nicht aus echten Weinbergen stammen, sondern fast immer aus technisch aufgerüsteten Mastanlagen, in denen sie innerhalb von vier Monaten auf Verzehrgröße turbogemästet werden.

Dann doch lieber Weinbergschnecke im Schatten der Kohlenhalde sein, denn hier wird nix gemästet. Zwischen meterhohen Brennnesseln (Schnecken-Lieblingsfutter) und guten Gräsern dürfen die archaisch langsamen Tiere mit den witzigen Fühlern rund vier Jahre rumkriechen und ihr Häuschen aus dem Bodenkalk bauen, bevor die Idylle dann auch für sie zu Ende geht. Denn der ehemalige Grafschafter Bauernhof mit dem Zuchtareal, etwa halb so groß wie ein Fußballfeld für rund 400.000 Tiere, ist keine Pension für die Erhaltung dieser bedrohten Art, sondern ein EU-zertifizierter Schlachtbetrieb für Frösche und Schnecken.

Im Spätsommer erntet Inhaber Ralf Dickel einige Tausend der Schnecken ab, die das richtige Alter und die richtige Größe erreicht haben. Die anderen vergraben sich für den Winter tief ins Erdreich, verschließen die Öffnung ihres Häuschens mit einem Kalkdeckelchen und haben ab dem Frühjahr mindestens noch sechs schöne Monate vor sich.

Die geernteten Schnecken werden kurz und schmerzlos getötet, entschleimt und penibel von Hand gesäubert. Anschließend werden sie für einige Stunden schonend in Gemüsebrühe oder Kalbsfond gegart, bis sie die perfekte Textur erreicht haben und ihr typisches Aroma entwickeln. So sind die Premium-Schnecken, die an Privatkunden ausschließlich schockgefrostet verkauft werden, auch bei Sterne-Köchen beliebt und stehen auf vielen Speisekarten des Landes. Selbst die Bauern in der Nachbarschaft widerlegen ihre eigene Regel, nach der sie nicht essen, was sie nicht kennen, und kaufen hier ein.

Probieren geht eben über Studieren.

SCHWERTER SENFMÜHLE

Schwerter Senfmühle
Ruhrstraße 16
58239 Schwerte
Tel.: 02304 776111
www.schwerter-senfmuehle.de

Die Geschichte des Maschinen-
bau-Studenten Frank Peisert, den seine ursprünglich als Hobby angedach-
te Senf-Produktion unversehens zum
Senfmüller werden ließ, ist auch die
Geschichte der Adrians, nach denen
die mittelscharfe Senfsorte der Senfmühle in Schwerte benannt ist. Denn
seit 1902 hießen alle Vorbesitzer hier
Wilhelm Adrian, deren erster mit seiner
Ehefrau Pauline Sohlenkamp den Hage-
ner Senfhandel „Stammhaus 1845" damals für 600 Mark kaufte und ihn wenig
später nach Schwerte verlegte. Über
den aktuellen Kaufpreis der im Lauf der
Jahre sehr verkleinerten Senfmühle ist
nichts bekannt, aber bekannt ist inzwischen sogar landesweit, dass es für alle
Senf-Liebhaber ein verschärftes Glück
und ein großes Verdienst von Peisert ist,
diesen historischen Senf vor dem Verschwinden gerettet zu haben.

Vorzeige-Sorte bleibt natürlich der „Adrian"-Senf als großer Klassiker, bis heute hergestellt nach dem Originalrezept, mehr als 150 Jahre lang immer nur mündlich überliefert und sorgfältig gehütet von allen vier Generationen, die bisher in der Schwerter Senfmühle die scharfe Paste produziert haben. Der dritte Wilhelm Adrian hat Peisert noch höchstpersonlich in das alte Handwerk der Senfherstellung eingeweiht und ihm solange geholfen, bis alle mit dem Senf zufrieden waren.

Für die cremig pastöse Viskosität aller Senfsorten der Mühle sorgt vor allem das Mahlverfahren auf dem original Doppelwalzenstuhl von 1923, auf dem die Senfsaat zwischen zwei 450 kg schweren Mühlsteinen zermalmt wird. Aber immer schön langsam, damit dabei nicht mehr als 30 Grad Wärme entstehen, wenn sich die ätherischen Öle aus der Saat lösen, was den späteren Senf bitter machen würde. Grob mahlen kann jeder, hat Adrian seinem Nachfolger noch mit auf den Weg gegeben, fein mahlen sei das Geheimnis.

Vor dem Mahlen wird die geschrotete Senfsaat mit echtem Branntweinessig, Wasser und Salz 24 Stunden lang eingemaischt. Nach dem Mahlen werden weder Zucker, Farbstoffe, Aufheller noch

andere Stoffe zugefügt, die häufig in industriell hergestelltem Senf stecken. Der jeweilige Schärfegrad der unterschiedlichen Senfsorten hat mit der Senfsaat an sich zu tun. Je mehr braune Senfsaat, desto schärfer der Senf. Den frisch gemahlenen Adrian-Senf mit einer Mischung aus brauner und gelber Senfsaat lässt Peisert einige Tage lang im offenen Holzfass Luft holen, bis sich die ursprüngliche Schärfe etwas reduziert und er die gewünschte mittlere Schärfe erreicht hat. Der scharfe Senf entsteht dagegen auf der Basis von reiner brauner Senfsaat. Wie die anderen Senfsorten der Mühle zusammengestellt werden und wie scharf sie tatsächlich sind, darüber gibt Frank Peisert vor Ort gerne Auskunft, so wie er überhaupt gerne über alle Details seiner Senf-Herstellung im Betrieb spricht.

Auch das ist der Vorteil einer kleinen Senfmühle wie dieser, die in Schwerte die Senf-Tradition auf eine Art bewahrt, wie sie heutzutage selbst bundesweit kaum noch vorkommt.

Das ist Senf von einer so rein-würzigen Qualität und Schärfe, dass einem schon vor Freude die Tränen kommen. Oder der Bockwurst.

Schweineglück in Essen

RUHRTALER FREILANDSCHWEIN

Ruhrtaler Freilandschwein
Landsberger Str. 105
45219 Essen
Tel.: 01578 5541435
www.deutsches-freilandschwein.de

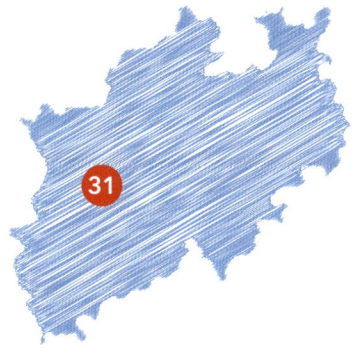

Der Baldeney-See und das angrenzende Ruhrtal in Richtung Mülheim an der Ruhr ist eines der schönsten Naherholungsgebiete für die Menschen im Westen. Schön ist auch, dass es entlang der Ruhr schon zu den echten Kohlenpottzeiten, als die Schlote noch so richtig rauchten und die Förderbänder niemals still standen, echte Bauernhöfe gab, die die malochenden Kumpel mit gutem Schweinefleisch versorgten. Überhaupt war das Schwein im Pott so beliebt, dass die Arbeiterfamilien bis in die Nachkriegszeiten sogar ihr eigenes Schwein in den kleinen Höfen der Zechenkolonien hielten und einmal im Jahr Schlachtfest war.

„Gut" hieß damals beim Schweinefleisch vor allem auch „fett", also genau das Gegenteil allgemeiner heutiger Einschätzung, nach der den Schweinen in der Massenzucht das Fett ohne Rücksicht auf – geschmacklich gesehen – Saft und Kraft weggezüchtet wurde.

Zum Glück für das Schweinewohl gibt es junge Landwirte wie Alexander im Brahm, der auf einem Bauernhof in Essen-Kettwig aufwuchs und seit seiner Jugend schon immer ein Herz für Schweine hatte und selbst Bauer werden wollte.

Bei einem landwirtschaftlichen Praktikum in England lernte der junge Landwirt die Freilandhaltung von Schweinen kennen, danach war es für ihn keine Option mehr, Schweine massenhaft in große Ställe einzupferchen, um sie so schnell wie möglich auf Schlachtgewicht zu mästen. Für seine rund 1000 Tiere hat er folgerichtig in Essen-Kettwig direkt neben Schloss Hugenpoet eine Idylle geschaffen, in der sich die Schweine artgerecht verhalten können: viel Platz zum Herumtoben mit den Artgenossen, Suhlen im Matsch, Durchwühlen des Bodens, dazu viel frische Luft bei offener Haltung und Ausruhen auf Stroh.

Das alles können die Ruhrtaler Schweine, die eine Kreuzung aus alter deutscher Landrasse und Pietrain sind, hier noch deutlich länger genießen als Schweine in der konventionellen Massentierhaltung. Als drei Monate alte Ferkel kommen sie von einem Bauern in Xanten und erst nach weiteren sechs Monaten werden sie so schonend wie möglich in regionalen Schlachthöfen geschlachtet, wenn sie wegen des genfreien und natürlichen Futters ordentlich Fleisch und Fett angesetzt haben. Dieses Fleisch ist etwas dunkler als üblich, etwas kräftiger im Geschmack und bleibt auch nach dem Braten oder Schmoren richtig saftig.

Wer sich selbst davon überzeugen will, dass Alexander im Brahm es wirklich ernst meint mit dieser sinnvollen Art der regionalen Schweinehaltung und ihm auch die Transparenz gegenüber seinen Kunden wichtig ist, kann das nach Verabredung direkt vor Ort tun. Und wer wissen will, wie sich das alles bei der Qualität des Fleisches bemerkbar macht, kann sich ja einfach ein ordentliches Schnitzel in die Pfanne hauen. Schmeckt wie früher.

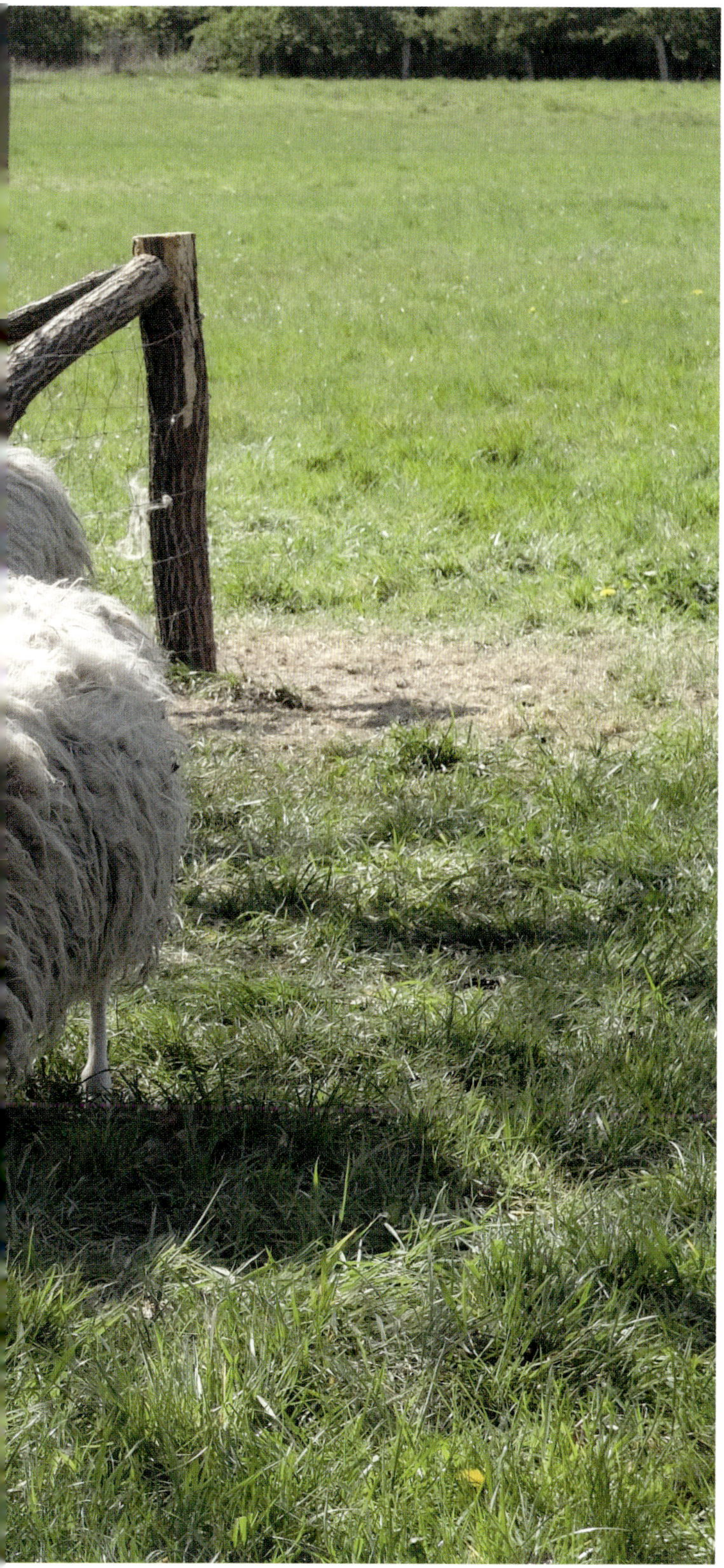

Schnuckelige Landschaftspflege

MARKUS LANFER

Markus Lanfer
Landsbergstr. 58
48712 Gescher-Hochmoor
Tel.: 02863 1479
Mobil: 0163 6962793
www.hochmooraner-moorschnucken.de

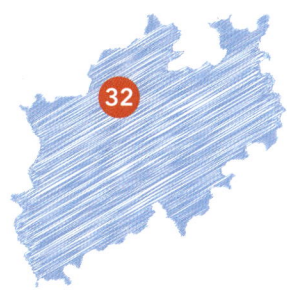

Wie in diesem kulinarischen Reiseführer schon mehrfach angedeutet, können auf Spezialitäten-Entdeckung angelegte Ausflüge in Nordrhein-Westfalen immer wieder interessant und lehrreich in Sachen Heimat- und Tierkunde werden. Gilt ebenfalls umgekehrt, denn auch Bildungsreisen jeder Art machen schließlich hungrig.

In diesem Sinne gibt's in Hochmoor gleich einiges zu entdecken, wovon ich zugegebenermaßen bis vor kurzer Zeit sogar noch nie etwas gehört hatte. Das beginnt damit, dass „in" Hochmoor richtig ist und nicht „im", denn Hochmoor ist in unserem Fall keine torfige Sumpflandschaft, sondern ein Stadtteil des Ortes Gescher in der Nähe von Coesfeld. Der Name kommt daher, dass hier bis zu Beginn des 20. Jahrhunderts tatsächlich Torf gestochen wurde, weil dieses Gebiet Teil des Weißen Venns ist, das ursprünglich eines der größten zusammenhängenden Moorgebiete des Münsterlandes war.

Heute ist das Venn ein ausgewiesenes Landschaftsschutzgebiet des Kreises Borken mit einer Mischung aus Heide und landwirtschaftlich genutzten Weiden und Äckern. Die echten Moore selbst sind größtenteils trockengelegt, also sozusagen vom Aussterben bedroht.

Das wiederum haben sie mit der Moorschnucke, genauer gesagt der Weißen Hornlosen Heidschnucke gemeinsam, die zwar ursprünglich aus Niedersachsen stammt, aber beim Naturpädagogen und Schäfer Markus Lanfer eine zweite Heimat gefunden hat. Rund 150 Schafe dieser Rasse betreiben hier Landschaftspflege auf vom Naturschutzzentrum Coesfeld ausgewiesenen Heideflächen und Streuobstwiesen. Die hübschen Schafe mit ihren grazilen Köpfen und kurzen Beinen verfügen nämlich über den sogenannten „goldenen Biss" und die „goldene Klaue". Da sie nur sehr selektiv Pflanzen fressen und damit viele andere für Insekten und Kleintiere nützliche Gräser und Moose stehen lassen, haben alle was davon. Außerdem sind sie verhältnismäßig leicht und lockern dadurch mit ihren Klauen den Boden nur sehr schonend auf, den sie dabei gleichzeitig natürlich düngen.

Ein ausgewiesenes echtes Moor brauchen die Schnucken nicht, obwohl sie früher genau dafür gezüchtet wurden, knietief durch sumpfige Gebiete staksen zu können, wo man kein anderes Nutztier halten konnte.

Gerade ihre Leichtigkeit ist aber einer der Gründe, warum sie auf die Rote Liste der Gesellschaft zur Erhaltung alter und bedrohter Haustierrassen gesetzt werden mussten. Denn leicht bedeu-

tet wirtschaftlich gesehen nicht gut, also zu wenig Fleisch im Verhältnis zu anderen Schafsrassen, und damit weniger Erlös beim Verkauf. Da die kleinwüchsigen Tiere wegen ihres natürlich kargen, aber würzigen Futters aus Gräsern, Beeren und Kräutern nur sehr langsam wachsen, brauchen sie mindestens 10–12 Monate bis zur Schlachtreife und setzen dabei kaum Fett an.
Doch wo der normale Metzger nun sagt, da ist doch nichts dran an den Knochen, sehen Genießer es genau umgekehrt, denn geschmacklich ist gerade das der Vorteil der Heidschnucken. Ihr Fleisch hat eine fast wildähnlich dunkelrote Farbe, und fast könnte man meinen, auch etwas von wilder Würze in sich. Dazu ist es zwar ein wenig fester als das von jungen Lämmern, aber durch den langsamen Wuchs von sehr feiner Struktur der Fleischfasern – ein ganz außergewöhnlich delikates Erlebnis auf dem Teller.

Zusätzlich angenehm ist doch, dass wir so durch gutes Essen gleichzeitig zum Überleben der Rasse und des Schäfers beitragen, denn auch Markus Lanfer muss wirtschaftlich denken. Deswegen betreiben für ihn noch 150 Bentheimer Landschafe aktive Landschaftspflege und Naturschutz. Auch diese alte deutsche Rasse ist in ihrem Bestand gefährdet, aber nicht so stark wie die Schnucken. Vermutlich deswegen, weil bei den langbeinigen weißen Bentheimern mit ihren ramsnasigen Köpfen und schwarzen Zeichen um die Augen deutlich mehr am Knochen ist als bei ihren Kollegen aus dem Moor. Ansonsten wachsen sie nun genauso naturnah im Kreis Borken auf. Schmecken zwar etwas weniger wild, aber ebenfalls sehr gut.

HOF KEIL

Hof Keil
Hadenbrok 9
48734 Reken
Tel.: 02864 1855
Mobil: 0170 1697235
www.hof-keil.de

Ja, Rinder können auch sehr schön sein. Wenn Sie rund um Borken den Blick über die grüne Wiesenprairie des westlichen Münsterlandes schweifen lassen, können Sie auch ohne Fernglas einige besonders schöne Exemplare entdecken. Es sind Rinder der Rasse Blonde d'Aquitaine, sehr stattliche Tiere mit freundlichem Gesichtsausdruck, die je nach Jahreszeit und Felldichte tatsächlich ein bisschen mehr hellblond als elfenbeinfarben sind.

Dass hier Bullen, Ochsen, Kühe und Kälber gemeinsam auf der grünen Weide sein dürfen, ergibt zusammen mit der flachen Weitläufigkeit der Landschaft unter dem sehr großen Himmel eine landwirtschaftliche Idylle, die man bei uns eigentlich nur von früher kennt, heute allenfalls noch aus Nordamerika von den unendlichen Weiden der Great Plains und den Steppen der argentinischen Pampa.

Um jetzt nicht komplett in meiner heimlichen Leidenschaft für Wildwest-Stimmungen unterzugehen, nun möglichst sachlich zum Hof Keil, zu dem diese Prachtexemplare der ursprünglich südwestfranzösischen Rinderrasse gehören. Der Vergleich mit dem mittleren Westen der USA und Argentinien ist allerdings nicht zufällig gewählt, weil es hier wie da um erstklassiges Rindfleisch geht.

Die Schönheit der Blonden setzt sich in höchster Qualität ihres Fleisches fort, wenn man sie so aufwachsen lässt wie Heiner Keil, der, seit er den elterlichen Bauernhof in Reken 2012 übernommen hat, aus Überzeugung ganz auf nachhaltige und tiergerechte Landwirtschaft setzt. Und mit bemerkenswerter Offenheit auf echte Transparenz, die hier nicht nur ein abgenutztes Marketing-Schlagwort bleibt. Sie zeigt sich gerade und erst recht auf seinem Hof und gegenüber seinen Kunden im Hofladen, wo er gerne über alles Auskunft gibt, was zu seiner Art von Rinderzucht gehört. Fragen Sie also bei Gelegenheit selbst nach, was Sie wissen wollen. Der Geschmack des großartigen Fleisches spricht als Steak auf dem Grill und in der Pfanne oder als Schmorbraten im Bräter oder Backofen eh für sich.

Die Gründe hierfür liegen in vielen Details der Rinderzucht, der sich Heiner Keil leidenschaftlich widmet. Das fängt bei der blonden Rinderrasse an, die zwar für feinfaseriges, zart dunkelrotes Fleisch mit feinem Geschmack steht, aber relativ wenig Fett ansetzt, vor allem, wenn sie auf den kargen Wiesen des Münsterlandes weitgehend nur Gras und Binsen zupfen kann. Futterintensive Mast mit viel Mais wie in den USA üblich könnte da helfen, ist aber Heiner Keils Sache nicht. Er bevorzugt die züchterische Vorgehensweise, andere Rassen wie Aberdeen Angus, Wagyu oder Limousin einzukreuzen, die aufgrund ihrer Gene gerne intramuskuläres Fett ansetzen und den Blonde d'Aquitaine so auf die Sprünge helfen. Erst ganz zum Schluss, nach fast zwei Jahren auf der Wiese, wird für drei Monate hofeigener Mais verfüttert. „Zur Veredelung", wie Keil sagt, was sich im Fleisch als fein durchgemasertes Fett und später auf dem Teller oder Grill als wunderbare Saftigkeit bei gutem Biss entpuppt. Trotzdem ist der Geschmack (Achtung, Fleischfans des wahren Wildwest-Genusses) deutlich mehr vom edlen Aroma extensiv langsamer Grasfütterung geprägt als die oft von schnell intensiver Maismast geprägten Fleischsorten aus Übersee-Import.

Womit wir dann auch beim finalen Lob der Regionalität an sich wären. Was Heiner Keil hier auf die Beine stellt, das ist regionale Fleischerzeugung wie aus dem Lehrbuch: Aufzucht, Fütterung, Schlachtung, Zerlegung, alles auf einem Hof und mit einem so hohem Qualitätsanspruch, wie man ihn in Nordrhein-Westfalen und weit darüber hinaus nur ganz selten antrifft. Selbstverständlich ist das gesamte Rindfleisch, das im Hofladen angeboten wird, vorher mindestens drei Wochen am Knochen gereift, manche Premiumstücke natürlich noch länger. Das ist die Gelegenheit schlechthin, mal andere Cuts auszuprobieren als die üblichen Rumpsteaks, Rib-Eye und Filets, schließlich wissen hier alle gut Bescheid und können kulinarisch Auskunft geben. Also, come on, ye guys, sattelt eure PS-Karossen und reitet gen Münsterland, bis am Horizont die Ranch der schönen Rinder auftaucht: Reken first!

Drachenblut und Riesling

WEINGUT PIEPER

Weingut Pieper
Hauptstr. 458
53639 Königswinter
Tel.: 02223 22650
www.weingut-pieper.de

Nun stellen Sie sich mal vor, Sie wären in einem Fernsehquiz und müssten folgende Frage beantworten: In welchem deutschen Bundesland liegt der meistbestiegene Berg Europas? Dass er in NRW liegen muss, ist ja schon klar, weil ich Ihnen sonst die Frage hier nicht gestellt hätte. Aber welcher ist es? Der Kahle Asten im Sauerland als höchster Berg unseres Landes? Nein, es ist der Drachenfels am Rhein, mit seinen 321 Metern Höhe nicht unbedingt ein richtiger Berg, aber immerhin, meist bestiegen in Europa. Steht jedenfalls so auf der Tourismus-Homepage …

Auf der kann man auch erfahren, dass aus dem Trachyt-Gestein des Felsens der Kölner Dom erbaut wurde. Und von mir können Sie nun erfahren, dass dieses Vulkan-Gestein ebenfalls einzigartig ist, zwar nicht in ganz Europa, aber im gesamten deutschen Weinbau. Wie jetzt, Weinbau in NRW?

Ja, und zwar sogar schon seit über 100 Jahren, aber nur drei Winzerbetriebe halten diese Tradition in unserem Bundesland noch aufrecht. Das einzige Weingut allerdings, das das legendäre Drachenblut verkaufen darf, ist das Weingut Pieper in Königswinter. Einfach deswegen, weil sich der Großvater des jetzt verantwortlichen Winzers Felix Pieper diesen Namen, unter dem noch bis in die 1960er Jahre jeder Rotwein aus der Region verkauft werden durfte, für seinen Wein markenrechtlich schützen ließ.

Das Drachenblut ist eine Cuvée aus hauptsächlich Portugieser-Trauben mit einem kleineren Anteil Spätburgunder und in manchen Jahren zusätzlich mit Dunkelfelder angereichert für die etwas dunklere Farbe dieses von sich aus hellroten Weins. Keineswegs drachenfeurig, schmeckt er trotz seiner Leichtigkeit ganz gut: fruchtig, unkompliziert, süffig, am besten leicht gekühlt und im Sommer gerne auf der schönen Terrasse des Jesuiter Hofs in Königswinter, der zum Weingut gehört. Dort gibt's auch eine kleine Speisekarte mit herzhaften Gerichten und für anspruchsvollere Weintrinker natürlich alle anderen Weine der Piepers glasweise zu probieren.

Seit Felix Pieper als verantwortlicher Kellermeister für die Weine zuständig ist, ging es mit ihrer Qualität so steil bergauf wie die Zahnradbahn auf den Drachenfels. Das meiste ist natürlich Weißwein und da Pieper gerne was Neues ausprobiert, gibt es eine ganze Reihe verschiedener Sorten. Natürlich den Riesling in verschiedenen Qualitätsstufen und lagenweise ausgebaut, dazu Weißer Burgunder, besonders bemerkenswert der Grüne Veltliner und sogar ein im großen 500-Liter-Barrique ausgebauter Chardonnay.

Dass Piepers Weine inzwischen in den bundesweiten Weinführern lobend erwähnt werden, hat mit dem Anspruch des Winzers zu tun: Ertragsbeschränkung, Handlese, langes Hefelager vor der Abfüllung sind die Stichworte für seine Art der sorgfältigen Vinifikation, die gleichermaßen für seine Spätburgunder gilt. Gerade die Roten profitieren besonders von der Südausrichtung der Hänge unterhalb des Drachenfels, wo der Trachyt die Sonnen-Tageswärme speichert und so die Trauben gut reif werden können. Den Weißweinen hilft wiederum der hohe Kaliumgehalt des Gesteins, die manchmal etwas spitze Säure der Trauben von Weißweinen aus nördlichen Breitengraden etwas abzupuffern, wodurch sie sich im späteren Wein besser ausbalanciert bemerkbar macht. Auf gut Deutsch hieß das früher „gut bekömmlich", aber man muss ja nicht unbedingt weinselige Rheinlieder singen, wenn nach einigen Gläschen die Stimmung steigt. Und gut wird sie sicherlich erst recht sein, wenn man nach einer vorherigen Begehung des Drachenfels die wunderbare Aussicht über den Rhein bestaunt hat. Aber ohne dass beim Anstieg bereits Blut des Drachens in den eigenen Adern kocht.

Fischer Franks Forellen

FISCHHOF BAUMÜLLER

Fischhof Baumüller
Scheda 3
58739 Wickede-Wiehagen
Tel.: 02377 2371
www.fischhof.de

Wenn man es ganz genau nehmen würde, müsste Frank Baumüllers Fischhof
ja eigentlich „Forellenhof" heißen, denn
der Chef selbst ist ein ganz großer Fan
der Forelle und mit der Forelle hat hier
auch alles angefangen. Üblich war die
Forellenzucht im südlichen Ruhrgebiet
damals nicht, als Baumüllers Vater Hubert in den 1960er Jahren den elterlichen Kotten übernahm, der nicht groß
genug war, um mit normaler Landwirtschaft wie Ackerbau und Viehzucht die
Familie zu ernähren. Also musste mit
anderem Handwerk wie Schneidern,
Schreinern oder Milchhandel etwas da-
zuverdient werden.

Der durch das hofeigene Feld fließende Strullbach, der im Gegensatz zu dem, was Ihnen jetzt gerade einfallen könnte, glasklar sauberes Wasser aus seiner nahen Quelle führt, brachte den Landwirt auf die Idee, drei Angelteiche anzulegen und darin Forellen zu züchten. Dass Hubert Baumüllers Nachbarn ihn deswegen zunächst für verrückt hielten, änderte nichts daran, dass sich diese Idee schnell als geschäftlicher Spürsinn entpuppte. Schon bald mussten die alten Stallungen umgebaut werden, um mit einer größeren Fischzuchtanlage die ständig wachsende Nachfrage nach frischen Forellen bedienen zu können. Gleichzeitig wurden Räucheröfen einge-richtet, die bis heute ein besonderer Glücksfall für alle Fans von Räucherfisch sind.

Denn Huberts Sohn Frank Baumüller, mit seiner Familie jetziger Inhaber des zum Fischhof ge-wordenen ehemaligen Kottens, ist ein wahrer Virtuose des Räucherns am offenen Buchenholz-feuer, das in gemauerten Kammern brennt, die in der Fachsprache „Altonaer Öfen" genannt werden. Über diesem Feuer werden die lediglich gesalzenen Forellen zunächst vorsichtig an-getrocknet, damit die Haut den Rauch danach besser aufnehmen kann. Dann werden die Flam-men mit Buchenholzspänen abgedeckt und die Forellen bei geschlossener Tür bei ca. 60 Grad im Rauch gegart, bis sie goldbraun, saftig und hocharomatisch wieder herausgeholt werden.

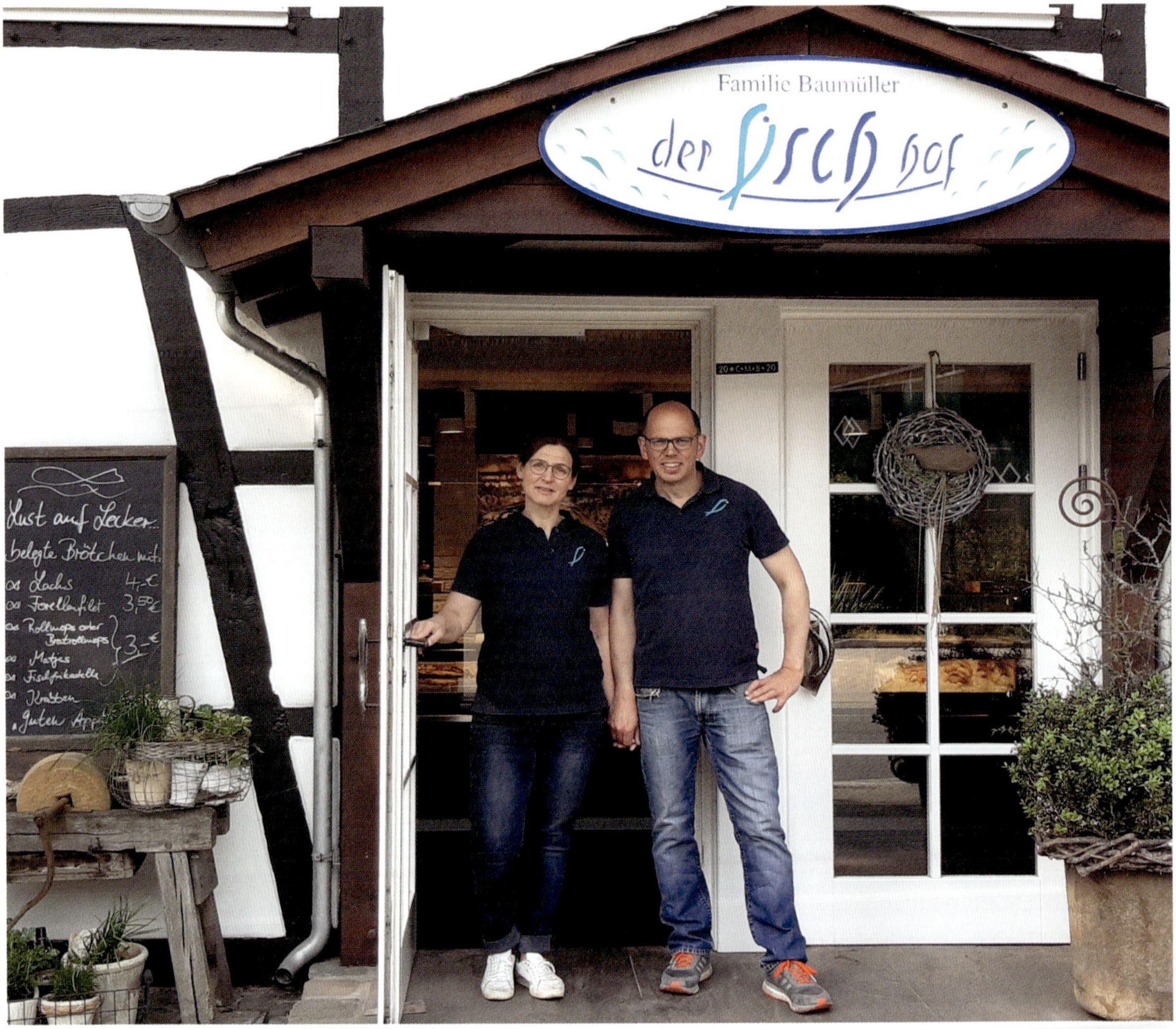
Familie Baumüller
der fisch hof
Lust auf Lecker...
belegte Brötchen mit:
Lachs 4,-€
Forellenfilet 3,50€

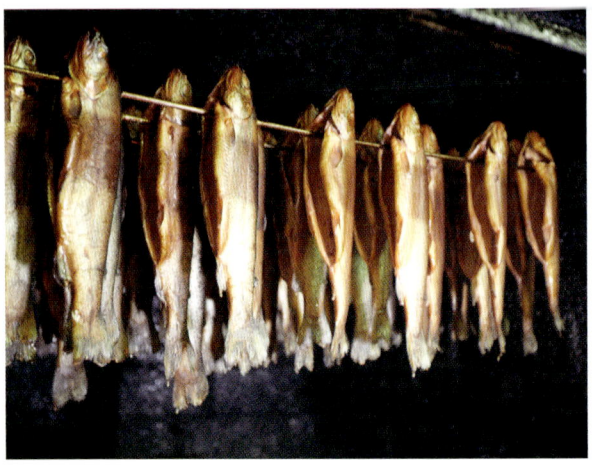

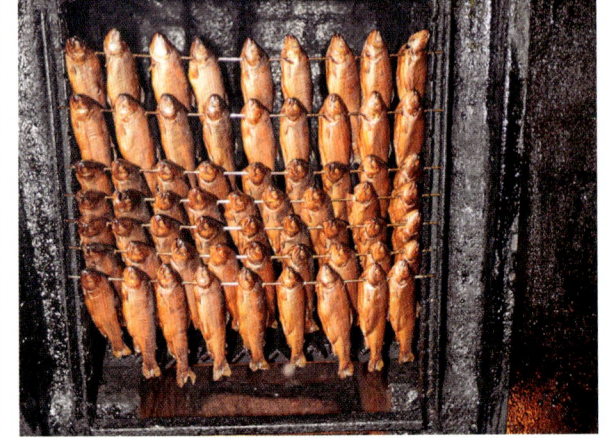

Auch Saibling und Lachsforelle sind echte Delikatessen aus dem würzigen Rauch, die Baumüller in dieser Feinheit so schnell keiner nachmacht. Das gleiche gilt für zugekaufte Aale, Makrelen und sogar den trotz Heißräucherns saftig bleibenden Stremel-Lachs.

Grundlage dafür ist natürlich immer die hervorragende Frische der Fische – egal, ob aus dem Meer oder regionaler Fischzucht, die in Nordrhein-Westfalen generell auf ziemlich hohem Niveau ist, was die Umweltstandards wie Wasserschutz und artgerechtes Füttern der Binnen-Fische angeht. Dafür legt Baumüller besonders bei seinen Fischen auch ohne Rauch die Hand ins Feuer. Wie überhaupt Fische aus Binnen-Zucht keine Gewissensbisse à la Überfischung der Meere verursachen und im Vergleich zu Meeresfischen bei uns kulinarisch leider immer noch unterschätzt werden. Frischer geht's eh nicht, weil Forelle, Saibling, Karpfen und Lachsforelle hier direkt vor dem Verkauf aus den Hälterbecken gekeschert werden. Das feine Aroma dieser Salmoniden sowie ihre filigrane Fleischstruktur halten auf ihre Art jedem Vergleich mit Meeresfischen stand. Bis auf den Karpfen sind die Filets dieser Fische nach dem Garen so leicht von der deutlich sichtbaren Mittelgräte zu lösen, dass selbst Grätenphobiker problemlos die Vorzüge des im Ganzen gebratenen Fischs angstfrei genießen könnten.

Angler dürfen in den drei immer noch existierenden Teichen des Ursprungs ihren eigenen Fang machen, können aber wie alle anderen Kunden (die an manchen Wochenenden sogar Schlange stehen!) neben Fischen und Filets für zu Hause die hauseigene Feinkost mitnehmen. Walburga Baumüller und ihr genauso zuverlässiger Küchenmitarbeiter haben ein Händchen für ihre weithin gerühmten Bratheringe und Fischfrikadellen sowie leckere Salate mit Hering und Matjes oder den gebeizten Lachs. Wem das nicht reicht, für den hat der Fischhof zusätzlich sehr sorgfältig ausgesuchten Meeresfisch in der Theke.

Dass Frank Baumüller 2020 schon zum zweiten Mal den renommierten Seafood Star des Fisch-Magazins in der Kategorie Direktvermarktung abgefischt hat, passt zu diesem großartigen Gesamtkonzept eines Fischhofs, der es in sich hat.

Und das nicht an der Nordsee, sondern am Strullbach in Wickede. Mein lieber Scholli!

GUT GEÖLT

Jägerhof Steinfarz
Jägerhof 1
41363 Jüchen
Tel.: 02165 912986
www.jaegerhof-agrar.de

Vanikumer Walnussmühle
Heide Eisenacher
Hauptstraße 134
41569 Rommerskirchen-Vanikum
Tel.: 0160 95547917
www.vanikumer-walnussmuehle.de

„Volksverein Mönchengladbach"
gemeinnützige Gesellschaft gegen
Arbeitslosigkeit mbH
Geistenbecker Str. 107
41199 Mönchengladbach
Kontakt: Marion Hoch,
Tel.: 02166 67116022
www.volksverein.de/produkte-und-
dienstleistungen/rapsoel

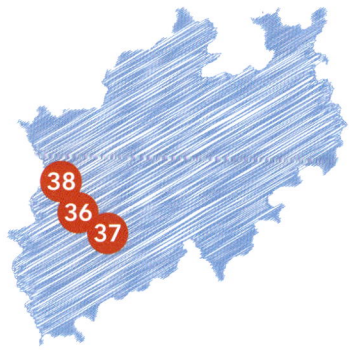

Was den Griechen, Spaniern und Italienern ihr Olivenöl, ist den Nordrheinwestfalen ihr Rapsöl. Kriegt aber kaum einer so richtig mit, leider. Denn bei Rapsöl denken die meisten eben nicht
an Sommerurlaub am Mittelmeer und silberblättrige alte Bäume im Sonnenlicht, sondern (wenn
überhaupt) an Traktordiesel vom Acker. Tatsächlich ist das flüssige Gold Westfalens auch als
Treibstoff geeignet, aber nicht in seiner feinen kalt gepressten Variante, um die es hier gehen
soll.

Und auch bei der Rapspflanze selbst könnten Sie romantische Gefühle entwickeln, wenn Sie im
schönen Mai die leuchtend quittegelben Felder in Westfalen sehen, wo der meiste Raps des
Landes angebaut wird. Da man Romantik allerdings nicht schmecken kann, übrigens auch nicht
beim Olivenöl, gibt es viele Gründe, dem heimischen Rapsöl generell eine größere Rolle in der
Küche einzuräumen als bisher. Vor allem dann, wenn das Rapsöl eine solche Qualität hat wie
das des Volksvereins Mönchengladbach, einer gemeinnützigen Gesellschaft gegen Arbeitslosigkeit. Ja, ernst gemeint.

Dieser Verein bietet eine ganze Reihe von sinnvollen Maßnahmen für Langzeitarbeitslose an,
die ihnen helfen sollen, wieder ins normale Arbeitsleben zurückzukehren. Eine der Maßnahmen
ist die Produktion dieses Rapsöls, und zwar nach allen Regeln des Kaltpressens, wie es bei erstklassigen Ölen angewandt wird.

Die Presse dafür steht im Hinterhof der Einrichtung, wo das Öl in kleinem Maßstab vom Pressen der Saat bis zur Abfüllung der Flaschen handwerklich hergestellt wird. Dazu wird die Rapssaat zunächst so gemächlich wie schonend durch die Spindel gedrückt, dass das Öl gerade mal handwarm aus der Presse läuft. Von da aus wird es in große Trichter geleitet, in denen sich die Sedimente und Trubstoffe absetzen können, bevor das nun geklärte und leuchtend gelbe Öl mit zwei kleinen Tischgeräten tatsächlich noch per Hand abgefüllt wird.

Dieses großartige Rapsöl, das keinen Vergleich zu anderen erstklassigen Speisölen scheuen muss, verfügt natürlich über die hervorragenden Brateigenschaften dieser Ölsorte an sich und außerdem über eine weiche Viskosität, die den typischen, leicht getreidigen Geschmack am Gaumen hinterlässt. Bestens geeignet für alle Salate, über Tomaten geträufelt oder einfach zu Pellkartoffeln und Fleur de sel. Nun wissen Sie, woran Sie beim nächsten Mal denken sollten, wenn Sie im Frühjahr die gelben Felder im Sonnenlicht sehen.

Haben Sie dagegen einen Walnussbaum im Garten und nach der Ernte immer zu viele Walnüsse, um sie einfach so aufessen zu können, dann denken Sie an die Walnussmühle in Rommerskirchen-Vanikum, nicht weit von Mönchengladbach. Dort können Sie Ihre Walnüsse zu Ihrem ganz persönlichem Walnussöl pressen lassen, denn dort bietet Heide Eisenacher mit ihrer sehr kleinen Presse genau diesen Service an. Im Garten des ehemaligen Bauernhofs steht nämlich auch ein großer Walnussbaum, der sie eines Tages auf die Idee brachte, zunächst ihr eigenes Walnussöl herzustellen.

Seitdem hat sich Heide Eisenacher so viel Fachwissen rund um die Walnuss und die verschiedenen Sorten angeeignet, dass nun jeder Walnuss-Gärtner davon profitieren kann, vom richtigen Sammeln bis zur richtigen Lagerung. Und eben von der Lohn-Pressung in Vanikum. Aber auch für die, die keinen eigenen Baum haben, lohnt sich die Besichtigung dieses originellen Eine-Frau-Betriebs mit Knackmaschine und Spezialpresse aus Süddeutschland, denn die sehr freundliche Ölmüllerin aus Leidenschaft verkauft neben anderen Walnuss-Spezialitäten wie Mus, Kuchen und Likör ihr wunderbares, intensiv nach puren Walnüssen schmeckendes Öl in kleinen Flaschen. Außerdem hilft sie gerne mit Tipps, was man damit beim Kochen und Backen zu Hause so alles anfangen kann.

Anschließend können Sie direkt weiter nach Jüchen fahren, denn dort wartet die nächste Überraschung in Öl, und zwar, kaum zu glauben, ein durch und durch regionales Sojaöl. Richtig, Sojabohnen werden bei uns normalerweise überhaupt nicht angebaut, sondern hauptsächlich in den USA und Südamerika, und fast immer mit gentechnisch verändertem Saatgut. Aber nicht bei der Familie Steinfarz vom Jägerhof in Jüchen, der eigentlich ein konventioneller landwirtschaftlicher Betrieb mit Reiterhof ist.

Auf der Suche nach einem Nischenprodukt für ihren kleinen Hofladen kamen Charlotte Steinfarz und ihr Mann 2017 tatsächlich auf die Idee, auf einer kleinen Parzelle mit zertifiziert gentechnikfreiem Saatgut zu experimentieren. Auch hier wird ausschließlich kalt gepresst und nicht filtriert. Über den ausgepressten Sojaschrotkuchen freuen sich die freilaufenden Hühner im Wohnmobil nebenan und danken es mit orangegelb leuchtenden Dottern ihrer Eier. Genauso schön schimmert das dunkelgelbe, nach frischer Wiese duftende Sojaöl. Denn seit der sofort erfolgreichen ersten Ernte und Pressung gibt es auf dem Jägerhof dieses Ausnahmeöl höchster Güte – von einem unvergleichlichen Geschmack, wie ich ihn vorher noch nie bei einem Öl gekostet habe. Zuerst gleitet es sehr geschmeidig über die Zunge, nicht nur weich, sondern regelrecht seidig, um anschließend ein federleichtes nussiges Aroma am Gaumen zu hinterlassen. Dazu bringt es gleichzeitig die getreidigen Nuancen feinen Rapsöls mit sowie Anklänge von frischem Heu Feiner geht's nicht. Schlichtweg eine echte Sensation.

Gladbacher
KNÖÖP
SEIT 1932
KONDITOREI. CHOCOLATIER. CAFÉ
Mönchengladbach
Düsseldorf
www.konditorei-heinemann.d

KONDITOREI HEINEMANN

Heinemann Konditorei und Confiserie
Bismarckstr. 91
41061 Mönchengladbach
Tel.: 02161 17031
www.konditorei-heinemann.de

Obwohl es das Stammhaus der Konditorei Heinemann bereits seit 1932 in Mönchengladbach gibt und sie mittlerweile schon lange mit Filialen prominent in Düsseldorf und anderen Städten des Niederrheins von Neuss über Krefeld bis nach Duisburg vertreten ist, haben sie es geschafft, ihr in Schokolade gegossenes Manifest erstklassiger Confiserie vor einer breiteren Öffentlichkeit geheim zu halten.

Anders ist es nicht zu erklären, dass immer noch nur wenige Bewohner unseres Landes nicht sofort in höchste Verzückung geraten, wenn sie Begriffe wie „Gladbacher Knööp", „Krefelder Sie-Knöngels" oder „Düsseldorfer Schneider Wibbeles Garn" hören. Dahinter steckt immer das gleiche Prachtexemplar einer vierzig Gramm schweren Praline, deren Bezeichnung sich in jeder Filiale im Sinne regional-geschichtlichen Bezugs zum jeweiligen Standort unterscheidet.

Wenn es nicht objektiv einige sehr sachliche Gründe dafür gäbe, sie alle unisono hochzuloben, müsste ich mich vorsichtshalber subjektiv für befangen erklären.

Denn seit ich den Knöngels vor mehr als vierzig Jahren zum ersten Mal in Krefeld begegnete, bin ich dieser Spezialität quasi so verfallen, dass ein Kauf unterhalb der Vierer-Packung gar nicht denkbar ist. Diese betörende Pralinenpastete aus einer Füllung mit cremig-weichem Haselnuss-marzipan und schmelzendem Nougat, überzogen von dunkler Edelschokolade mit knusprig ka-ramellisierten Haselnusssplittern, ist schlichtweg die Inkarnation höchsten Genusses unterschied-licher Aromen und Textur in ausgewogener Vollendung.

Zu den sachlichen Gründen. Bis heute garantiert in dem Familien-Unternehmen Heinz-Richard Heinemann für die handwerkliche Qualität aller Kuchen und Pralinen, die von der zentralen Pro-duktion in Mönchengladbach ausgeliefert werden. Ganz im Sinne seines Vaters Herrmann Hei-nemann, der sich schon bei der Gründung den Idealen höchster Güte und Frische verschrieben hatte.

Die verfolgt sein Sohn Heinz-Richard, ein im schweizerischen Lausanne eidgenössisch diplomier-ter Konditor- und Confiseurmeister, der beneidenswerterweise quasi in der Kuchentheke seiner Eltern aufwuchs, bis heute bedingungslos weiter.

Die Philosophie hinter allen handwerklich gefertigten Pralinen, Plätzchen, Kuchen und Torten des Hauses ist bei den verwendeten Rohstoffen so einfach, dass Heinemann dafür nur wenige Worte braucht: „Von allem nur das Beste." Industriell hergestellte Vorprodukte, Farbstoffe, künstliche Aromen? „Das machen wir nicht." Sein Chocolatier-Credo: „Eine Praline muss immer in erster Linie nach Schokolade schmecken."

Folgerichtig kommt auch die erstklassige Schokolade, die hier verarbeitet wird, ausschließlich aus der Schweiz. Wenn Sie wissen wollen, was das bei solcher Edelschokolade höchster Güte aromatisch und an zartem Schmelz bedeutet, probieren Sie mal die nach Kakao-Herkunft sortierten Variationen bei Heinemann, die von der legendären Manufaktur Felchlin in Schwyz stammen. Der Reiz der Knöngels und Co. liegt aber nicht nur in der Schokolade, sondern in dieser insgesamt großartigen Rezeptur, die im Mund ein geradezu göttliches Zusammenspiel von knusprig, schmelzend, cremig, nussig und schokoladig bewirkt. Auch und gerade wegen ihres Kalibers, an dem der zwar vergangene, aber trotzdem frevelhafte Versuch des Hauses, sie als kleinere Kugeln zu verkaufen, zwangsläufig scheitern musste.

Die wahren Kenner der Materie haben sie vermutlich so wie ich schlichtweg übersehen.

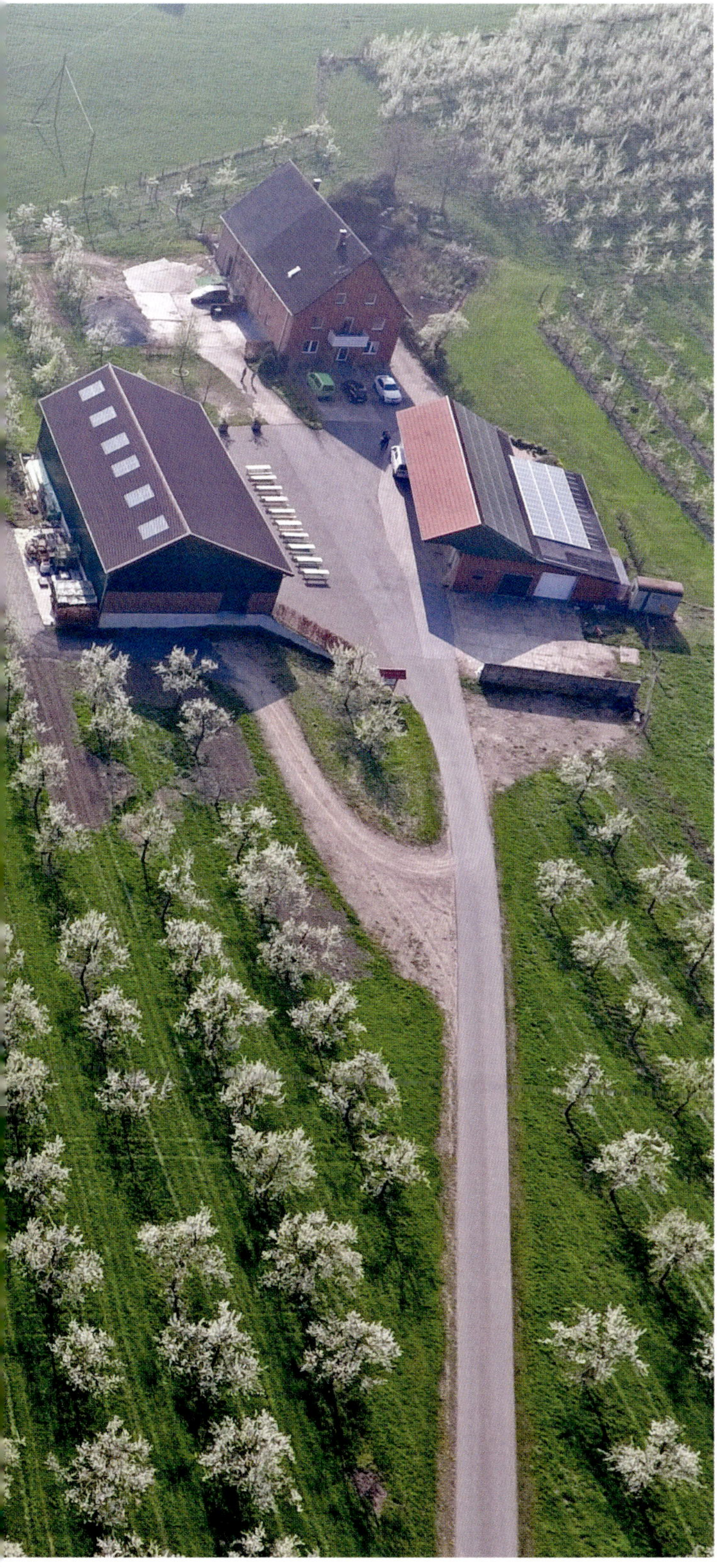

Stromberg und seine Pflaume

PFLAUMENHOF STEMICH

Pflaumenhof Stemich
Nottbeck 4
59302 Oelde
Tel.: 02529 1674
www.pflaumenhof-stemich.de

Schutzgemeinschaft Stromberger Pflaume e. V.
www.stromberger-pflaume.de

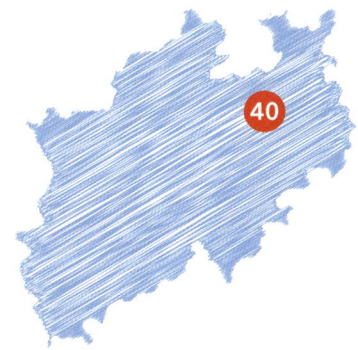

Von allen Spezialitäten unseres Landes, die mit einem offiziellen Siegel der Europäischen Union als regionale Lebensmittel mit geographischer Herkunft geschützt sind, ist die Stromberger Pflaume die einzige, die das strengste Logo der insgesamt drei Siegel, nämlich das mit dem Grad „g. U.", also geschützte Ursprungsbezeichnung, tragen darf.

Und das hat sie, diese schöne länglich-oval Blaurötliche, eine wahre Königin unter den Pflaumensorten dieser Welt, mehr als verdient, obwohl sie botanisch streng genommen doch eine Zwetschge ist. Da sie aber von den Strombergern immer schon Pflaume genannt wurde, haben die das gleich als Namen mitschützen lassen.

Aber der Reihe nach. Regionaler oder, präziser, lokaler geht es bei einer Obstsorte wohl mindestens europaweit nicht, denn dieser verbriefte Ursprungsschutz gilt nur für Pflaumen von Bäumen, die entweder im Ortsteil Stromberg der Gemeinde Oelde wachsen oder im Umkreis von nur 500 Metern drum herum. Das gilt sogar mit Nachweis genauso für das Pflanzen der Setzlinge und den Erziehungsschnitt der jungen Bäume wie für das Abfüllen und das Sortieren der Früchte nach der Ernte.

Dass solch ein Schutz eines Tages nötig sein würde, um den historisch exzellenten Ruf dieser sehr alten Zwetschgensorte vor unehrlichen Nachahmern und anderem trittbrettfahrenden Händlergesindel zu schützen, hätte ihr erster Importeur wohl nicht einmal ahnen können. Es war der Amtsschreiber und Reisende Ludwig Niediek, der sie um 1790 aus Südfrankreich und Spanien nach Stromberg brachte, wo man sie, ohne zu Fremdeln, dem Ort namentlich eingemeindete. Die Obstbäume dieser Sorte gediehen hier von Anfang an sehr gut, weil sie vom mergelhaltigen Boden und von der schützenden Hanglage der münsterländischen Bucht profitierten.

So, und nun geben Sie's zu: Diese sagenhafte Stromberger Pflaume kannten Sie bisher nicht? Macht nichts, dann geht es Ihnen wie mir bis zum Jahre 2016, als ich dieser wundervollen Pflaume zum ersten Mal in ihrer ganzen Pracht auf dem Pflaumenhof Stemich in Stromberg begegnete. Dass ich diesen Familienbetrieb hier stellvertretend für alle anderen Pflaumenhöfe nenne, die sich unentwegt um den Erhalt und Anbau der Pflaume verdient machen, hat zwei Gründe. Erstens ist Gerhard Stemich der Vorsitzende der sehr engagierten Schutzgemeinschaft und zweitens serviert seine Frau Claudia im immer nur für kurze Zeit geöffneten Sommer-Café auf dem Hof den besten Pflaumen-Streuselkuchen des Planeten.

Schon beim ersten Stück war deutlich zu erkennen, was die einzigartige Qualität dieser Zwetschgensorte ausmacht und ihr keine andere nachmacht: Selbst, wenn man sie im Backofen erhitzt, behält sie ihre Form und suppt ihren Saft nicht in den Teig, so dass die Pflaumenschnitze unter dem Streusel ihre ganze saftig-feste Struktur behalten und ihren wunderbar fruchtig süßsäuerlichen Geschmack erst beim sanften Biss offenbaren.

Als Kompott oder Pflaumenmus oder einfach so als reife Frucht genossen, die sich sogar noch leicht vom Stein löst, ist diese Pflaume wegen ihrer aromatischen Ausgewogenheit ebenfalls unschlagbar.

Ich übertreibe, denken Sie? Sie kennen diese schöne Strombergerin also noch nicht.

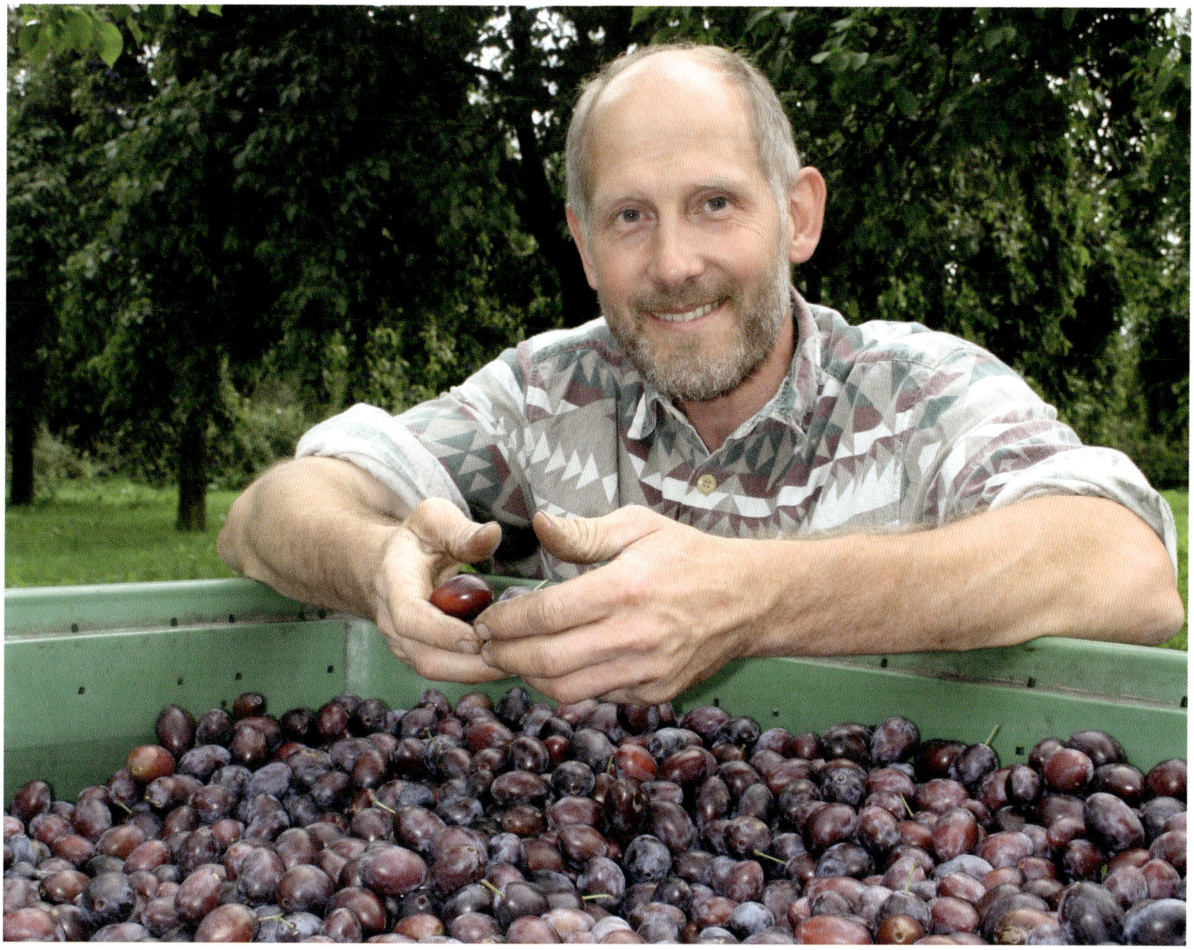

Wahres Glück
ist hausgemacht

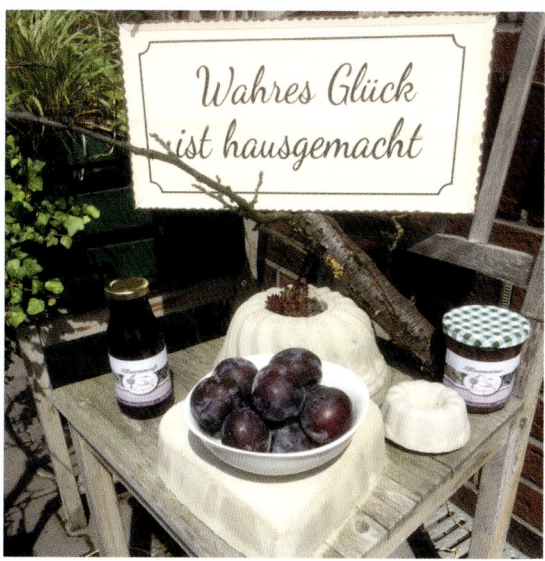

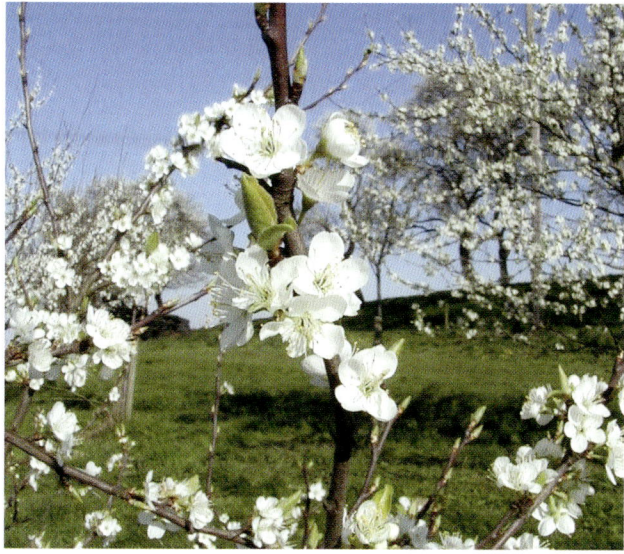

OBSTKELTEREI VAN NAHMEN

Obstkelterei van Nahmen GmbH & Co. KG
Diersfordter Straße 27
46499 Hamminkeln
Tel.: 02852 960990
www.vannahmen.de

Dieser kleine Saftladen in Hamminkeln, wie ihn Peter van Nahmen immer noch liebevoll nennt, hätte vor allem ohne die Äpfel der Streuobstwiesen des Niederrheins wohl nicht das werden können, was er geworden ist: eine der besten Obstkeltereien Deutschlands, besonders wenn es um authentisch reinsortige Obstsäfte geht. Dass in der Region immer noch alte Apfelsorten wie die rote Sternrenette, der Kaiser Wilhelm und der Schöne von Boskoop wachsen und gedeihen, verdanken sie allerdings auch umgekehrt der Wertschätzung eines familiären Unternehmens, das sich neben der Qualität seiner Säfte generell den Erhalt des einheimischen Obstes und der kulturlandschaftsprägenden Streuobstwiesen auf die Fahnen geschrieben hat.

Vor dem Saft war es zunächst das Kraut, mit dem der erste Wilhelm van Nahmen das Unternehmen 1917 als rheinische Apfelkrautfabrik gründete. Da waren Apfel- und Rübenkraut als nahrhafte Bestandteile und wichtige Energielieferanten auf dem alltäglichen Speiseplan der hart arbeitenden Landbevölkerung und ein durchaus lukratives Geschäft. Auf den deutlich flüssigeren Saft aus Äpfeln kam dann der Sohn und zweite Wilhelm van Nahmen, als er nach dem Zweiten Weltkrieg regionale Äpfel und Birnen kelterte, zunächst als Lohnmosterei für Obstwiesen-Besitzer, die ihr Obst bei van Nahmen versaften ließen. Als aber immer mehr Kunden statt Apfelkraut lieber mehr Apfelsaft haben wollten, begann schließlich die Geschichte vom Ursprung des heutigen Saftladens mit eigenen Säften vom heimischen Obst des Niederrheins und des angrenzenden Münsterlands.
Der dann auch bio-zertifizierte Apfelsaft von Streuobstwiesen, den der dritte van Nahmen Rainer bereits 1994 erfand, ist ein wegweisendes Markenzeichen und Verkaufsschlager der Saftproduktion geblieben. Und auch Vorbild für alle sortenreinen Apfelsäfte, die ausschließlich direkt vom reifen Obst gekeltert und ohne Zucker oder irgendwelche anderen Zusätze abgefüllt werden.
Die Qualität aller Säfte endgültig auf die Spitze getrieben hat der vierte van Nahmen, ebenso unternehmenslustig wie seine Vorfahren, ohne beim regionalen Anspruch irgendwelche Kompromisse zu machen. Auch heimischer Elstar, Jonagold, Cox Orange und Bohnapfel zeigen in ihrem jeweils eigenen Saft plötzlich wieder aromatische Nuancen von fruchtbetonter Süße und feinem Säurespiel, wie man sie in den handelsüblichen Äpfeln dieser Sorten aus Massenanbau kaum noch schmecken kann.

Neben der hohen Qualität des Obstes, das immer so lange wie möglich am Baum reifen darf, lässt die sehr schonende Pasteurisierung auch der Williams-Christ-Birne, den Morellenfeuer-Kirschen oder der edlen Stromberger Pflaume (siehe Seite 160) den gesamten Spielraum ihres jeweiligen Sortencharakters in der Flasche.

Das erinnert nicht nur zufällig an den Umgang mit Weintrauben von erstklassigen Winzern, bei denen auch Zuckerwerte, Öchslegrade und Säuregehalt eine wichtige Rolle spielen.

Daran orientiert sich Peter van Nahmen erst recht bei seinen sortenreinen Traubensäften, deren Traubenmaterial tatsächlich von seinen Vertragswinzern an der Mosel und in der Pfalz wie für Wein behandelt wird. Mit vollreifem Lesegut, Maischestandzeit und schonender Pressung, aber natürlich nur bis kurz vor der beginnenden Gärung, damit die Säfte alkoholfrei bleiben.

So entstehen seine sensationellen Jahrgangs-Traubensäfte aus Scheurebe, Riesling, Portugieser und Dornfelder, mit denen van Nahmen scheinbar mühelos geschmackliche Maßstäbe setzt, die weit über dem liegen, was an alkoholfreien Weinen aus der Weinindustrie kommt. Dass alle Premium-Säfte bei van Nahmen, der folgerichtig auch Partnerbetrieb des Elite Vereins der deutschen Prädikatswinzer (VdP) ist, stilistisch durchaus stimmig in der klassischen Bordeaux-Flasche abgefüllt werden, ist zusätzlich eine passende Randnotiz.

Hauptsächlich können Sie aber notieren, dass in dieser außergewöhnlichen Privatkelterei das geflügelte Wort vom flüssigen Obst wesentlich treffender ist als bei Obstlern mit Alkohol-Tuning.

Zertifizierter Genuss

BIOHÖFE-GEMEINSCHAFT DES WINDRATHER TALS

www.biohoefe-windrathertal.de

Natürlich ist der neanderland STEIG schon deswegen eine Wanderung durch das niederbergische Land wert, weil man sich auf den insgesamt 240 Kilometern des gesamten Rundwegs mal wieder vor Augen führen kann, dass zwischen den dicht besiedelten Ballungsgebieten an Rhein und Ruhr glücklicherweise auch in Nordrhein-Westfalen doch noch einiges an schöner Landschaft übrig geblieben ist. Auf der dritten Etappe, der „Entdeckerschleife" rund um Velbert, werden auch Spezialitätensucher fündig. Dort haben sich schon seit den 1970er Jahren fünf Bio-Bauernhöfe angesiedelt, die geradezu beispielhaft vorführen, wie verantwortungsvoll gelebte und naturnah umgesetzte Landwirtschaft ebenso zur ländlichen Idylle beitragen kann wie zur Herstellung qualitativ hochwertiger Lebensmittel.

Angefangen von vollwertigen Milchprodukten wie Joghurt und Käse über Fleisch und Wurst von artgerecht gehaltenen Tieren bis hin zu absolut frisch geerntetem Gemüse, dessen geschmackliche Klasse eigentlich jeden davon überzeugen können müsste, wie sehr zertifizierter Bio-Anbau dem konventionellen überlegen sein kann – und zwar auch beim Genussfaktor. Das liegt unter anderem daran, dass die Landwirte dieser fünf Höfe des Windrather Tals sich nicht mit der allgemeinen EU-Bio-Zertifizierung zufriedengeben, sondern die wesentlich strengeren Richtlinien der Verbände Bioland und Demeter anwenden. Darüber hinaus kann man hier erleben, wie sehr diese Art naturnaher Landwirtschaft mit seiner tönenden Vielfalt von Hühnern, Schweinen und Rindern im besten Sinne an schöne Bauernhöfe von früher erinnert. Und zusätzlich noch, wie sogar bearbeitetes Ackerland mit ständigen Wechsel beim Anbau unterschiedlicher Getreide- und Gemüsesorten und mitsamt seiner summenden Kleintier-Fauna statt langweilig eintöniger Monokultur zur ländlichen Idylle beitragen kann und zur entspannenden Erholung der Sinne (nicht nur) vorbeikommender Wanderer taugt. Man darf hier ja auch ohne schlechtes Gewissen mit dem Auto vorfahren, natürlich noch besser, wenn es elektrisch angetrieben wird.

Jeder der fünf Bio-Höfe versteht sich auf seine eigene Art auch als familiäre Lebens- und Arbeitsgemeinschaft und trägt zu diesem Gesamtkonzept bei, die „langsam gewachsene bäuerliche Kulturlandschaft zu gestalten", wie die Höfe es auf ihrer gemeinsamen Homepage selbst formulieren. Wie bemerkenswert sinnlich dieses Konzept vor Ort umgesetzt wird, können Sie beim Besuch des Windrather Tals insgesamt und der einzelnen Höfe (unterschiedliche Öffnungszeiten und nicht täglich geöffnet) jeweils erleben – egal, ob auf dem Rundweg zwischen den Höfen, in einem der Hof-Cafés oder nach dem Einkauf in einem der Hofläden wieder zu Hause. Mit allen Genüssen dieser sehr bemerkenswerten Enklave landwirtschaftlicher Überzeugungstäter im Sinn und in der Stofftasche.

EGGEHOF

Eggehof
Am Wallgraben 2
33178 Borchen-Dörenhagen
Tel.: 05293 931121
www.eggehof.de

Tief im Osten, wo die Sonne fast schon in Niedersachsen aufgeht, liegt der Eggehof. Präzise gesagt, nicht weit von Paderborn entfernt, in dem nur wirklich ostwestfälisch verwurzelten Menschen bekannten Ort Borchen-Dörenhagen. Die Borchener haben jedenfalls Glück, dass der Eggehof dort liegt, und Glück haben auch die rund 400 Schweine, die sich in der großen luftigen Scheune des Hofs tummeln.

Das Borstenvieh wiederum ist auch ein guter Grund für auswärtige Bewohner des Westens unseres Landes, dorthin zu fahren. Denn Sabine und Stefan Hoischen, die den Eggehof betreiben, haben sich vor einigen Jahren entschieden, die Vermarktung ihrer Schweine von der Zucht bis zur Verarbeitung des Fleisches und dessen Verwurstung in eigener Regie zu übernehmen.
Das fängt bei der Auswahl der Schweinerasse an, die ein wesentlicher Faktor für qualitativ hochwertiges Fleisch ist. Auf dem Eggehof werden dazu Eber der Rasse Pietrain mit Zuchtsauen der Rasse Schwäbisch-Hällisches Landschwein gepaart. Wobei die ursprünglich aus Belgien stammende Rasse Pietrain selbst für einen „hohen Magerfleischanteil mit geringster Fettauflage" im Zuchtbuch steht, deswegen also eher nicht so beliebt bei Feinschmeckern ist, die wissen, dass nur ein ordentlicher Fettanteil im Schweinefleisch für saftige Braten und Schnitzel sorgen kann. An dieser Stelle kommt aber glücklicherweise das Schwäbisch-Hällische Landschwein ins Spiel, das, wie der Name schon sagt, ursprünglich aus Baden-Württemberg stammt und eine alte deutsche Hausschweinrasse ist, die zu den Sattelschweinen gehört. Im Gegensatz zum Pietrain macht es genau das, was ein Schwein traditionell tun soll: Es setzt ordentlich Fett an, und zwar nicht nur als dicke Fett-Auflage, sondern auch als schöne Marmorierung im Muskelfleisch. Also besonders beliebt bei Feinschmeckern, die wissen …

Da es allerdings zu wenige Feinschmecker dieser Art gibt, um in Westfalen so fettes Schweinefleisch wirtschaftlich erfolgreich vermarkten zu können, hat man sich auf dem Eggehof für einen sehr gelungenen Kompromiss entschieden, nämlich die Kreuzung der beiden Rassen. Jetzt sorgt Vatter Pietrain-Eber bei seinen Nachkommen für eine ordentliche Muskelfleischmasse, und Mutter Schwäbisch-Hällische Sau für den immer noch beträchtlichen Fettanteil, was zusammen ein Fleisch ergibt, das viele Schweinefleisch-Liebhaber begeistern wird und mit dem auch besagte Feinschmecker eigentlich gut leben können müssten.

Außerdem achten die Hoischens auf das Alltagswohl der Tiere, die auf Stroh mit viel Licht und Luft aufwachsen, rund acht Monate lang mit artgerechtem Futter vom Hof langsam aber sicher auf Schlachtgewicht gemästet werden, bis dann eines Tages ihr möglichst stressfreies Ende kommt. Neben dem Fleisch sorgt Stefan Hoischen als Metzgermeister zusätzlich für großartige Würste aller Art, ohne jeden Zusatz von künstlichen Aromen oder Geschmacksverstärkern, versteht sich.

Der Hofladen selbst ist nur freitags geöffnet, aber der Verkaufswagen steht mittwochs und samstags auf dem schönen Markt der Kernstadt Paderborns im Schatten des Doms. Tja, da haben zum guten Ende jetzt auch noch die Paderborner Schwein gehabt.

CHEN • AM WALLGRABE

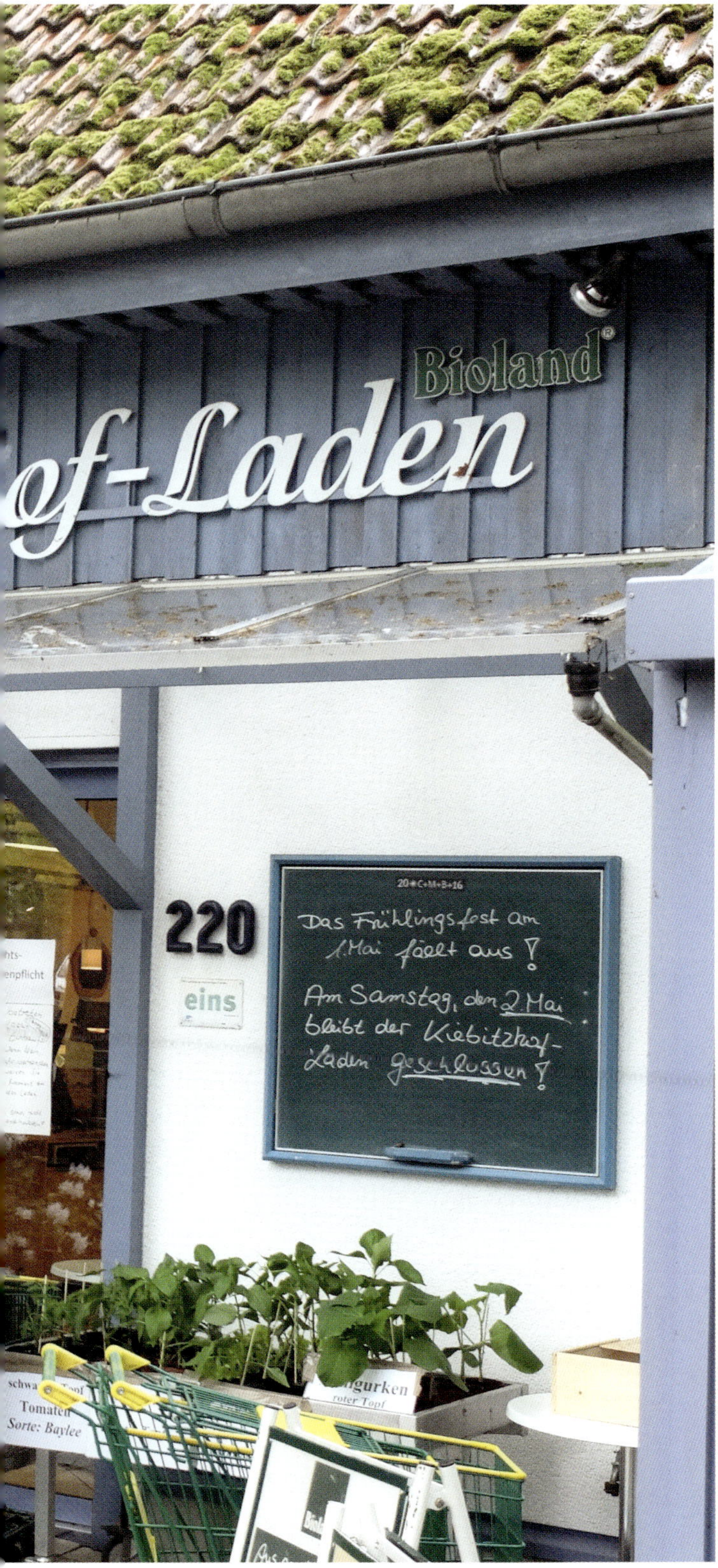

Genießen macht Sinn

KIEBITZHOF BIOLADEN

Kiebitzhof Bioladen
Rhedaer Straße 220
33334 Gütersloh
Tel.: 05241 5000111
www.kiebitzhof.de

wertkreis Gütersloh gGmbH
www.wertkreis-gt.de

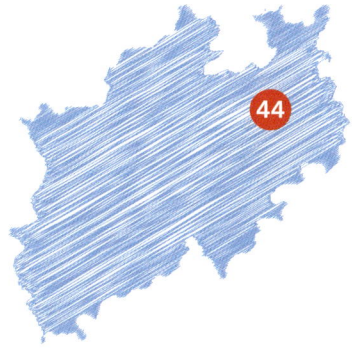

Ausnahmsweise soll es am Anfang mal nicht sofort um was Leckeres gehen, obwohl der Kiebitzhof natürlich jetzt hier auftaucht, weil er auch kulinarisch einiges zu bieten hat. Allerdings ist der Kiebitzhof ein Betrieb, der das Miteinander von Menschen mit und ohne Behinderung, ökologische Verantwortung und wirtschaftliches Handeln ohne übertriebenes Gewinnstreben so sinnvoll und lobenswert vereint, dass Sie es kurz gefasst wissen sollten.

Eigentlich besteht der Kiebitzhof aus fünf Betrieben, in denen insgesamt rund 180 Menschen mit unterschiedlicher Behinderung tätig sind, die alle so in den jeweiligen Bereichen arbeiten, wie es nach ihren individuellen Fähigkeiten gut möglich ist. „Fördern und fordern", fasst Dr. Sebastian Menke, der umtriebige Geschäftsführer des Kiebitzhofs, das kurz und bündig zusammen und weist damit auch darauf hin, dass bei aller Förderung mit öffentlichem Geld der Kiebitzhof ein Wirtschaftsbetrieb ist, der sich am Ende finanziell selbst tragen können soll.

Wohlfühlen ist ausdrücklich Teil des Konzepts und zwar für alle Mitarbeiterinnen und Mitarbeiter, auch die ohne Behinderung. Wie gut das funktioniert, kann man problemlos bei einem Besuch des Hofs am Rande von Gütersloh erkennen. Egal ob in den Gewächshäusern der Gärtnerei mit Obst-und Gemüseanbau, dem landwirtschaftlichen Betrieb für Kartoffeln und Hühnereier, der Konservenproduktion oder dem Bioladen – überall trifft man auf so offen freundliche Menschen und eine insgesamt so selbstverständlich entspannt gelebte Atmosphäre, dass man am liebsten gleich selbst dort anfangen möchte.

Ich würde mich übrigens mit meinen individuellen Fähigkeiten gleich bei der Konservenproduktion bewerben, nachdem ich bei der Herstellung der Hühnerbrühe gesehen habe, wie hin-

gebungsvoll sechs Mitarbeiterinnen rund um einen Tisch saßen und von Hand das Hühnchen-fleisch für die Einlage von den Knochen puhlten. Wie bei allen anderen Glaskonserven, egal ob Hühnerbrühe, Frikassee, Bolognese, Tomatenketchup oder Fruchtaufstrich, wird hier tatsäch-lich alles per Hand vorbereitet, ordentlich wie in der eigenen Küche zubereitet und so schonend pasteurisiert, dass der Eigengeschmack der jeweiligen Produkte und Gerichte immer erhalten bleibt. Alles durchweg zu empfehlen, wenn man zu Hause mal nicht groß den Kochlöffel schwin-gen will. Wer selber kocht, ist hier mit dem hofeigenen Gemüse und den frischen Kräutern bes-tens bedient, die Bäckerei sorgt für gute Brote und außergewöhnliche Varianten von herzhaftem Knäckebrot aus der eigenen Backstube.

Die Zutaten kommen durchweg aus den Produktionsbetrieben des Kiebitzhofs, die alle Bio-land-zertifiziert sind. Das Hühnchenfleisch stammt von artgerecht in kleinen Ställen gehaltenen Legehennen, die erst noch jede Menge Bio-Eier legen, bevor sie in die Suppe kommen. Die fri-schen Produkte bekommen Sie auch in anderen Bioläden in der Region, die konservierten Pro-dukte sogar bundesweit.
Aber fahren Sie ruhig mal selbst dorthin. Ein schönes Erlebnis mit viel Sinn.

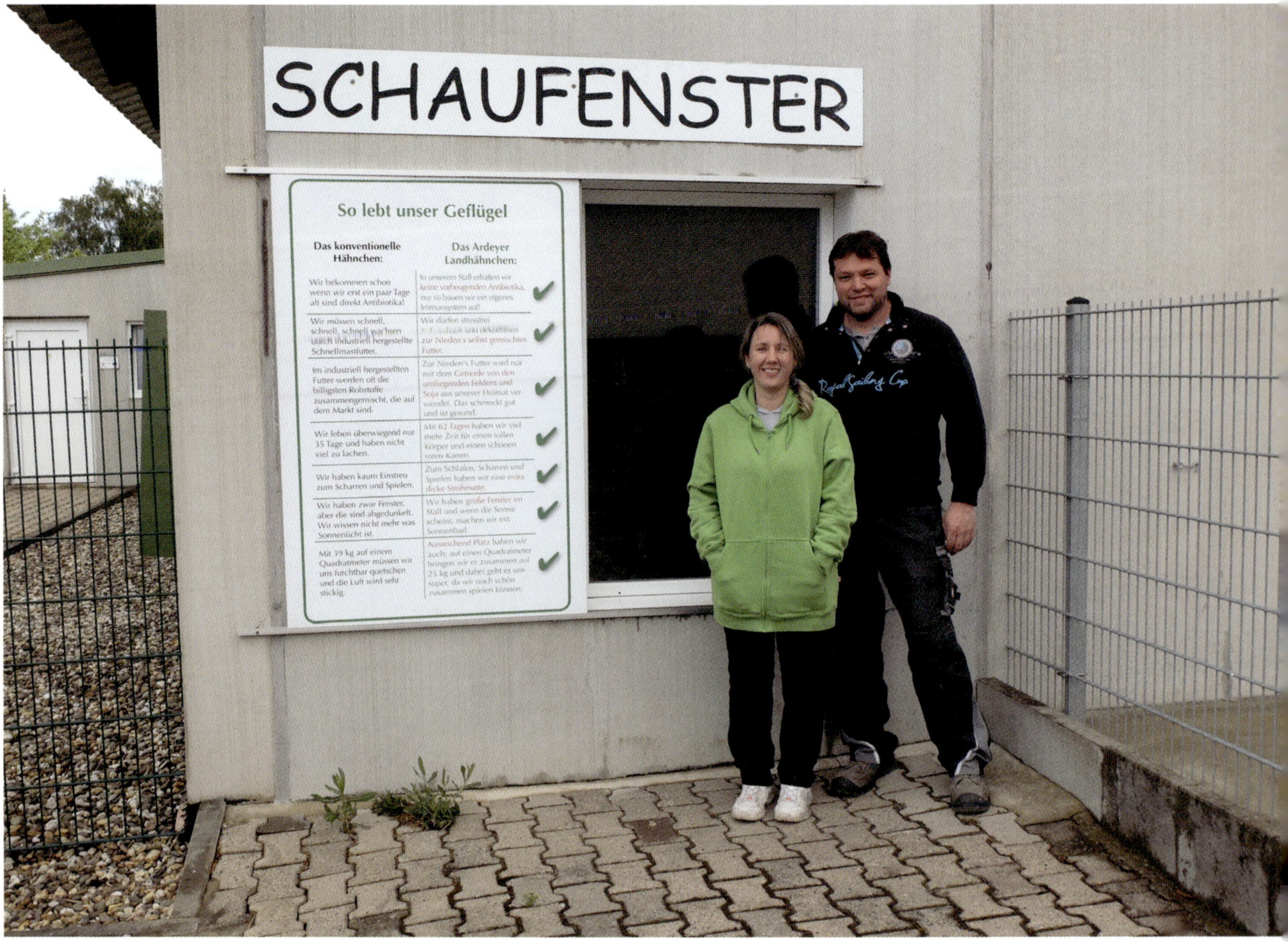
SCHAUFENSTER
So lebt unser Geflügel
Das konventionelle Hähnchen:
Das Ardeyer Landhähnchen:
Wir bekommen schon wenn wir erst ein paar Tage alt sind direkt Antibiotika!
In unserem Stall erhalten wir keine vorbeugenden Antibiotika, nur so bauen wir ein eigenes Immunsystem auf!
Wir müssen schnell, schnell, schnell wachsen durch industriell hergestellte Schnellmastfutter.
Wir dürfen stressfrei
zur Nieden's selbst gemischtes Futter.
Im industriell hergestellten Futter werden oft die billigsten Rohstoffe zusammengemischt, die auf dem Markt sind.
Zur Nieden's Futter wird nur mit dem Getreide von den umliegenden Feldern und Soja aus unserer Heimat verwendet. Das schmeckt gut und ist gesund.
Wir leben überwiegend nur 35 Tage und haben nicht viel zu lachen.
Mit 62 Tagen haben wir viel mehr Zeit für einen tollen Körper und einen schönen roten Kamm.
Wir haben kaum Einstreu zum Scharren und Spielen.
Zum Schlafen, Scharren und Spielen haben wir eine extra dicke Strohmatte.
Wir haben zwar Fenster, aber die sind abgedunkelt. Wir wissen nicht mehr was Sonnenlicht ist.
Wir haben große Fenster im Stall und wenn die Sonne scheint, machen wir ein Sonnenbad.
Mit 39 kg auf einem Quadratmeter müssen wir uns furchtbar quetschen und die Luft wird sehr stickig.
Ausreichend Platz haben wir auch; auf einen Quadratmeter bringen wir es zusammen auf 25 kg und dabei geht es uns super, da wir noch schön zusammen spielen können.

selbstgemischt
gesund
...das bessere Hähnchen

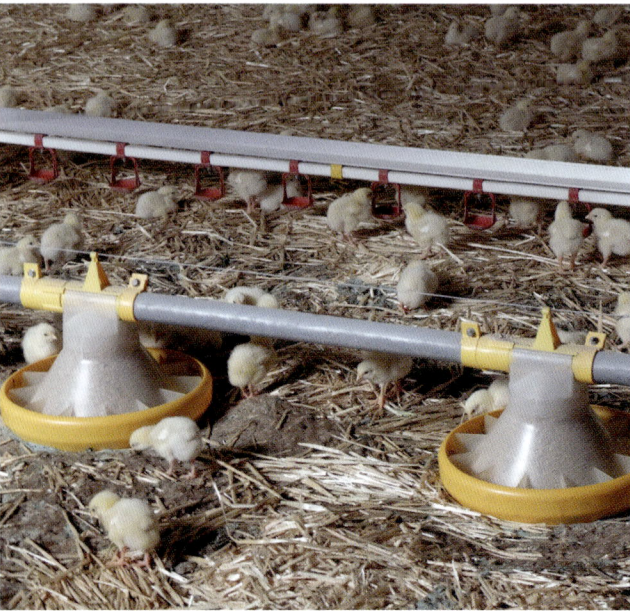

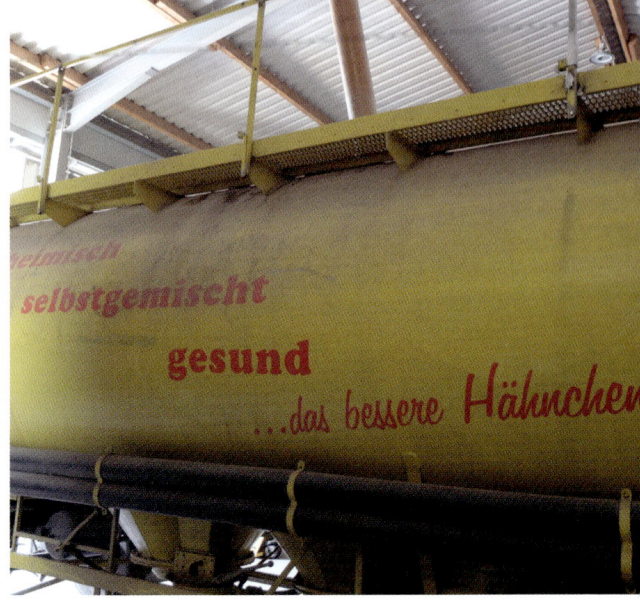

ARDEYER LANDHÄHNCHEN

Ardeyer Landhähnchen GmbH & Co. KG
Feldstraße 5B
58730 Fröndenberg-Ardey
Tel.: 02378 4954
www.land-haehnchen.de

Natürlich bin ich auch ein großer Fan des verklärend romantischen Bildes idyllischer Landwirtschaft, wie wir sie meist eh nur noch aus dem Urlaub in Bayern oder Österreich kennen. Mit Bauernhöfen vor der Bergkulisse, die zur Brotzeit einladen, wo Mensch und Tier zusammen friedlich, artgerecht und im Einklang mit der Natur für unsere täglichen Grundnahrungsmittel wie Getreide, Obst, Gemüse und Fleisch sorgen. Und so alles zusammen harmonisch gedeiht, bis wir es auf unserem Teller genießen können. Amen.
Solche sehr empfehlenswerten Bauernhöfe und diese Art der naturfreundlichen Landwirtschaft gibt auch bei uns im Westen, und einige davon finden Sie ja in diesem Spezialitätenführer, inklusive der Botschaft, dass Bio-Zertifizierung nicht der allein seligmachende Faktor für die sorgfältige Herstellung von hochwertigen Lebensmitteln ist. Aber im Ernährungsalltag einer Nation mit 80 Millionen Einwohnern braucht es eben, machen wir uns mal nichts vor, ganz pragmatische Lebensmittelproduktion, und deswegen stammt unser täglich Fleisch nun mal oft von Tieren, die selbst bei aller artgerechter Haltung seit Jahrhunderten Nutztiere im Sinne des Wortes sind, deren Mast bei jedem Erzeuger wirtschaftlich orientierten Maßstäben unterliegt. Heißt, wenn ein Betrieb keinen Gewinn macht, wird es ihn irgendwann nicht mehr geben, egal, wie gut seine Produkte sind.

Der Sinn dieses Buches ist zwar, Sie zu den außergewöhnlichen Spezialitäten unseres Landes zu führen, aber nicht, Ihnen wie beim Discounter eine heile Welt der Lebensmittelerzeugung vorzugaukeln. Das ist der Grund, warum ich an dieser Stelle zunächst mal etwas weiter theoretisch ausholen musste. Denn der Ardey Landhähnchen Geflugelhof liegt ländlich in Fröndenberg, ist aber wirklich nicht romantisch, erst recht nicht, wenn man weiß, dass im Durchschnitt 36.000 Hähnchen in den Ställen gackern. Dass ich diesen Betrieb trotzdem mit gutem Gewissen empfehlen kann, hat damit zu tun, dass Sandra und Dirk zur Nieden, die den Hof von seinen Eltern übernommen haben, ein Paradebeispiel dafür sind, dass vertretbar realistische Geflügelzucht im konventionellen Bereich mit sehr guten Produkten möglich ist. Und trotz der Geflügelmenge bildet der Hof bereits eine positive Ausnahme, wenn man weiß, dass konventionelle Massenzucht für Masthähnchen normalerweise erst bei 200.000 Tieren losgeht.

Außerdem geben die beiden Geflügelzüchter gerne offen darüber Auskunft, warum sie was tun und warum das aus ihrer Sicht so Sinn ergibt. Kurz zusammengefasst: Die Hähnchen werden in großzügig dimensionierten 4000er Ställen und bei Tageslicht auf Stroh aufgezogen. Das Futter ist eine hofeigene Zusammenstellung von Hafer, Weizen und Gerste sowie in Deutschland angebautem gentechnikfreien Soja. Eine Futterzusammenstellung, die eben nicht zur schnellen Schlachtreife führt, sondern den Hähnchen Zeit gibt, langsamer zu wachsen als normal üblich, so dass sie erst nach 60 Tagen bei 2,5 kg Gewicht ankommen, was sie in Großbetrieben in 30 Tagen schaffen müssen. Die Schlachtung und Zerlegung erfolgen ebenfalls auf dem Hof selbst.

Das alles macht sich natürlich bei der Qualität bemerkbar, die sich bei Fleisch-Hähnchen in etwas weniger Fett als bei weiblichen Hühnern und etwas festerem Fleisch äußert. Der deutliche Geflügelgeschmack ist ein weiteres Plus der Ardey-Hähnchen, von dem Sie sich problemlos selbst überzeugen können, wenn Sie es beim ersten Versuch nur dezent mit Salz und Pfeffer würzen. Das ganze Hähnchen hält sich prächtig zart im Backofen, aber auch die küchenfertig zerlegten Einzelteile sind sehr empfehlenswert. Vor allem Keulen und Flügel oder das ausgelöste Schenkelfleisch zum Kurzbraten, die der aus meiner Sicht generell eher langweiligen Hähnchenbrust an Saft und Aromakraft weit überlegen sind.

Und noch eine sehr überraschende breaking-news-Mitteilung zum Schluss, für alle Wurstliebhaber, die bisher ausschließlich auf Wurst aus Schweinefleisch schwören (wie ich, bis ich nach Ardey kam): Hier schaffen sie sogar ohne Zusatz fieser Zusatzstoffe oder Geschmacksverstärker hervorragende Fleischwurst, Leberwurst und Mortadella aus Geflügelfleisch! Das hätte ich nun wirklich nicht für möglich gehalten.

GUT ESSEN GEHEN
ORIGINELLE GASTHÄUSER UND IMBISSBUDEN

Nein, eigentlich ist dieser Spezialitätenführer durch den Westen kein Restaurantführer. Aber uneigentlich sind mir auf der genießerischen Fährte durch den Westen immer mal wieder kulinarische Boxenstopps unterschiedlichster Art aufgefallen, die so bemerkenswert sind, dass Sie sie kennenlernen sollten.

Die Currywurstbude auf einem Parkplatz in Mülheim an der Ruhr, der Imbiss mit japanischer Hausmannskost in Düsseldorf-Benrath und der beste Backfisch östlich der Niederlande in Rösrath sind für den schnellen Genuss ebenso dabei wie echte Traditions-Gasthäuser auf dem Lande, die mit frischen Produkten aus der Region bodenständig und gleichzeitig raffiniert kochen.

Für mich repräsentieren sie alle beispielhaft eine sehr gastfreundliche Esskultur unseres Landes, die sich in ihrer jeweiligen Art kein bisschen um Sterne oder andere Auszeichnungen kümmert. Aber man isst dort immer gut.

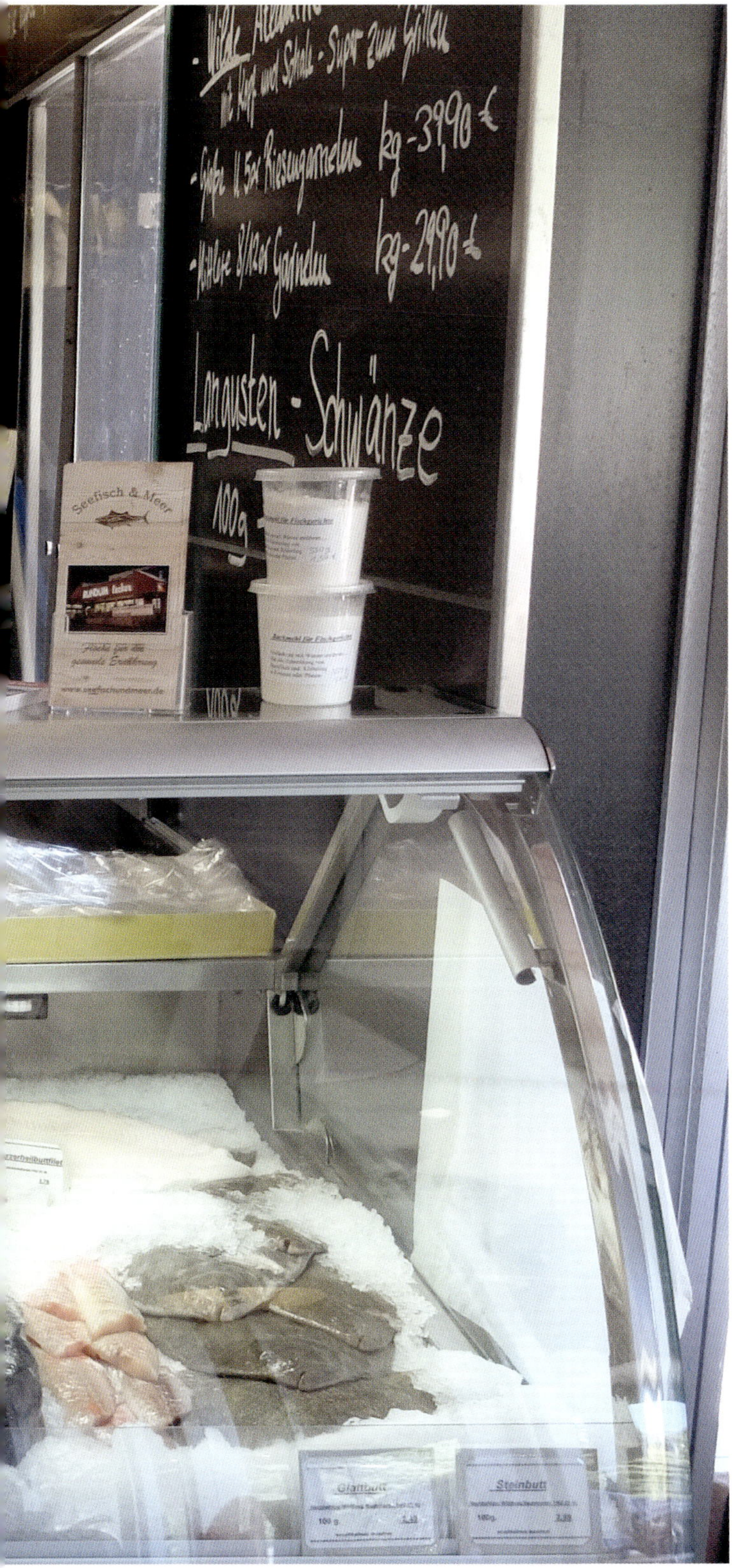

Backfisch im Bergischen

SEEFISCH & MEER

Seefisch & Meer GmbH
Olper Straße 3–5
51491 Overath-Untereschbach
Tel.: 02204 9791911
www.seefischundmeer.de

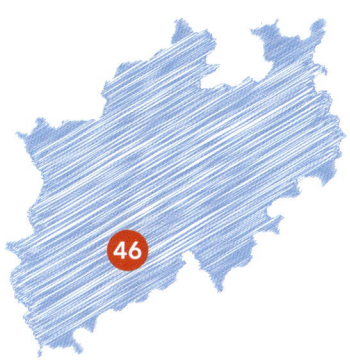

Normalerweise müsste man ja bis an die holländische Küste fahren, um einen leckeren Backfisch zu bekommen. Aber die Rettung für alle Backfisch-Fans außerhalb des Urlaubs liegt eben nicht auf der nächsten Kirmes, sondern ausgerechnet im bergischen Untereschbach, einem Stadtteil von Overath. Dort betreibt das Ehepaar Andrea und Martin Backhausen einen kleinen Fischhandel, der auch als Imbiss genutzt wird.

Für den Backfisch benutzen die Backhausens eine spezielle, von einem Backfisch-Spezialisten ersten Ranges an der holländischen Küste importierte Panade, die beim Frittieren in reinem Erdnussöl sofort die Poren schließt, so dass der Backfisch innen saftig und außen knusprig bleibt, und zwar tatsächlich solange, bis die ordentliche Portion Fisch ganz gegessen ist. Dazu gibt's erstklassige Fritten mit feiner Remouladensauce und Salat – eine unwiderstehliche Fast-Food-Kombination, die in dieser Klasse im ganzen Westen konkurrenzlos ist.

Das liegt auch an der Frische des Fisches, meist Kabeljau, der für die Zubereitung eingesetzt wird. Denn was man von außen in dieser irgendwie auch wieder typisch holländischen Holzhaus-Bude wohl erst recht nicht vermuten würde, ist die herausragende Qualität des gesamten Fischangebots und von allem, was sonst noch aus Meer und Binnengewässern kommt: Forelle und Zander, Austern und Hummer, handwerklich geräucherte Spezialitäten wie Makrele und Aal oder hausgebeizter Lachs runden ein Angebot ab, das auch in Großstädten wie Köln und Düsseldorf kaum zu bekommen ist.

Dafür garantiert Martin Backhausen, ein im besten Sinne positiv verrückter Fischenthusiast, der seit über 30 Jahren als einziger deutscher Fischhändler bei der Fisch-Auktion in Vlissingen zugelassen ist und dort direkt einkaufen kann. Dort weiß der mit allen Wassern gewaschene Kölner nicht nur ganz genau, welches Boot den frischesten Fisch anlandet, sondern er importiert ihn jeden Freitag sogar persönlich im Kühlwagen auf schnellstem Wege direkt von dort. Das gilt natürlich auch für die erstklassigen Miesmuscheln aus Yerseke oder die Krabben aus Stellendam, die vor Ort gepuhlt und verarbeitet werden.

Andrea und Martin Backhausen, die oft selbst im Geschäft und freundlich für alle Fragen rund um den Fisch offen sind, haben hier also am Rand einer Durchgangsstraße im bergischen Festland eine sehr bemerkenswerte Oase des Fischgenusses geschaffen. Was für ein unverhoffter Fang!

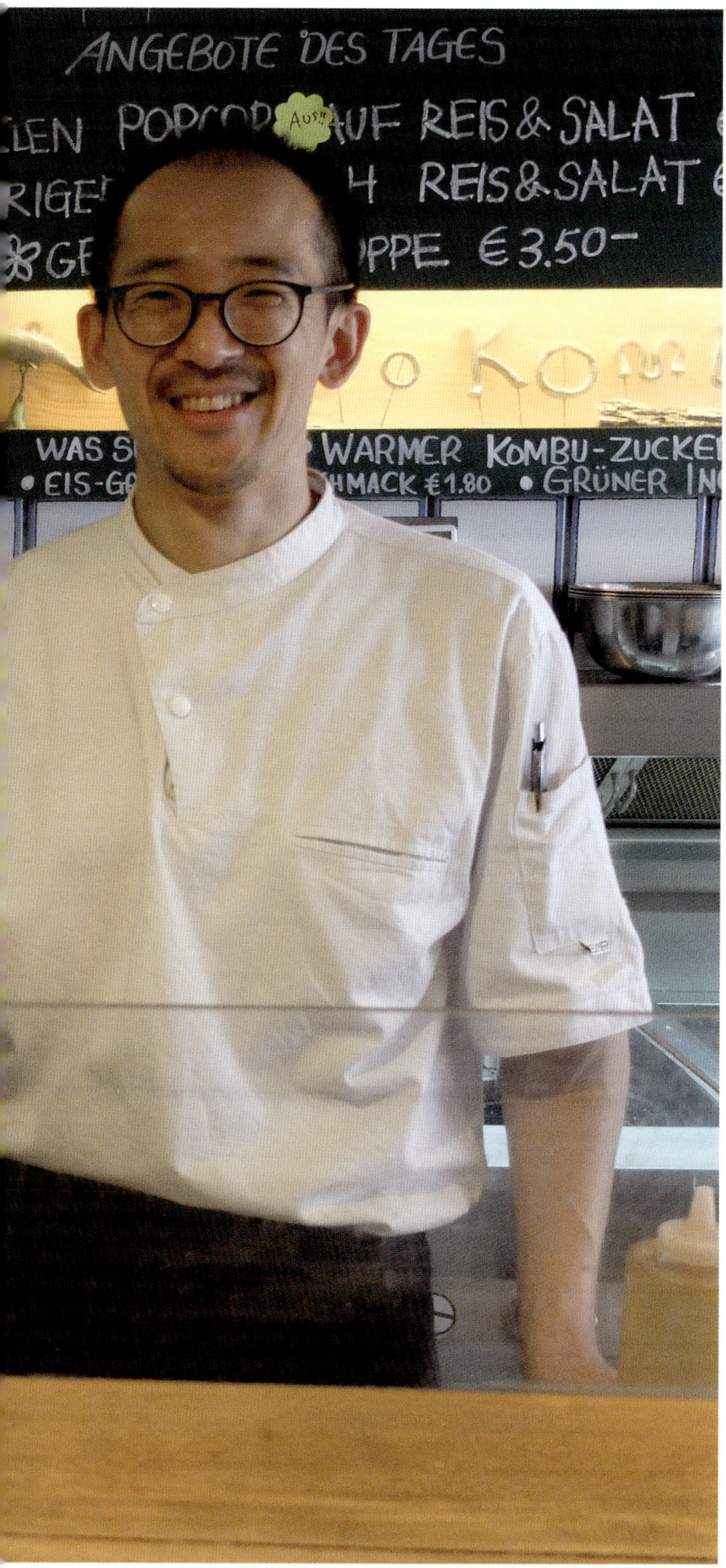

Currywurst und Sushi

BISTRO KOMBU

Bistro KOMBU
Sophienstrasse 2
40597 Düsseldorf-Benrath
Tel.: 0211 69544993

Soba-An
www.soba-an.de

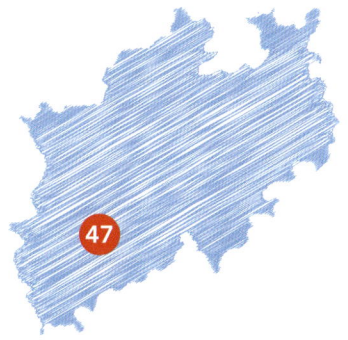

In Düsseldorf als wichtigem Zentrum japanischer Wirtschaftsaktivitäten in Europa hat sich in den vergangenen fünfzig Jahren und damit einzigartig in Deutschland eine echte Japantown entwickelt, die das Stadtbild nicht weit vom Hauptbahnhof entfernt deutlich prägt. Rund 8000 Japaner leben in der Landeshauptstadt, die wegen der zahlreichen authentischen Restaurants auch ein Eldorado für Liebhaber japanischen Essens jenseits von Sushi und Ramen geworden ist. Neben dem Soba-An, einem kleinen Restaurant, das vermutlich als einziges bundesweit täglich frisch hausgemachte Buchweizennudeln in verschiedenen Zubereitungen anbietet, ist das Bistro KOMBU die ungewöhnlichste Japan-Adresse, allein schon aufgrund seiner Lage.

Man findet es eben nicht in der kosmopolitischen Japantown der Innenstadt, sondern im beschaulich bürgerlichen Benrath mit seinen gut deutsch gepflegten Altbau-Fassaden um die Ecke des gediegenen Benrather Schlosses. Inhaber Ryuichiro Kuwana ist der Prototyp des sehr freundlichen und sehr höflichen Japaners, dessen ansteckend gute Laune und verschmitzter Humor sich im gesamten Ambiente bemerkbar machen.

Das fängt schon beim Namen Kombu an, eigentlich das Wort für die Meeresalge, die ja eine der wesentlichen Grundzutaten für die japanische Nationalbrühe Dashi ist. Und als Kuwana über den Namen seines Bistros nachdachte, das aufgrund der spartanischen Einrichtung mit wenigen Sitzhockern an der Seite eher ein asiatischer Imbiss als ein echtes Bistro ist, kam er auf seinen Hund. Der heißt ebenfalls Kombu und war eines Tages aus dem dritten Stock gefallen, ohne sich bei dem Sturz auch nur im Geringsten zu verletzen. Gutes Omen, dachte Kuwana, eben auch für sein Bistro in dem Sinne, dass es selbst bei eventuellen Schwierigkeiten zum Neuanfang immer auch glücklich ausgehen kann.

Hat aber reibungslos geklappt und so haben die Benrather in ihrem Stadtteil einen kulinarischen Hotspot, um den man sie nur beneiden kann. Kuwana ist ein großartiger Koch, der seine handwerklichen Fähigkeiten eine Zeitlang bei Jean-Claude Bourgueil verfeinert hat, dem Patron des nun schon legendären Feinschmeckerrestaurants „Im Schiffchen" in Kaiserswerth. Davon profitiert die japanische Hausmannskost erheblich: Egal, ob beim Hausklassiker, den knusprig frittierten Hühnchen Karaage nach dem Rezept seiner Mutter oder bei einem tagesaktuellen Angebot wie Buta Don, gegrillter Schweinenacken mit Kohl-Reissalat, alles wird hier mit frischen Zutaten vor den Augen der Kunden zubereitet. Alles präzise abgeschmeckt, alles auf die japanische Art fein ausbalanciert, und das alles noch zu sehr zivilen Preisen.

Dazu großartige Gyoza, sehr gute Sushi und Currywurst.

Currywurst? Ja, und sogar XXL mit Pommes! Und dazu noch eine kleine Geschichte, wie das so kam: In der Düsseldorfer Altstadt sah Kuwana oft, wie Frauen Sushi gerne essen gingen, ihre Männer aber lieber Currywurst im Imbiss gegenüber. Damit sie alle zusammen in seinem Kombu in Benrath essen können, gibt's dort nun eben beides. Benrather Stammgäste halten diese Currywurst mindestens für die beste der Stadt, aber inzwischen essen die meisten dort doch lieber japanisch. Wundert mich nicht.

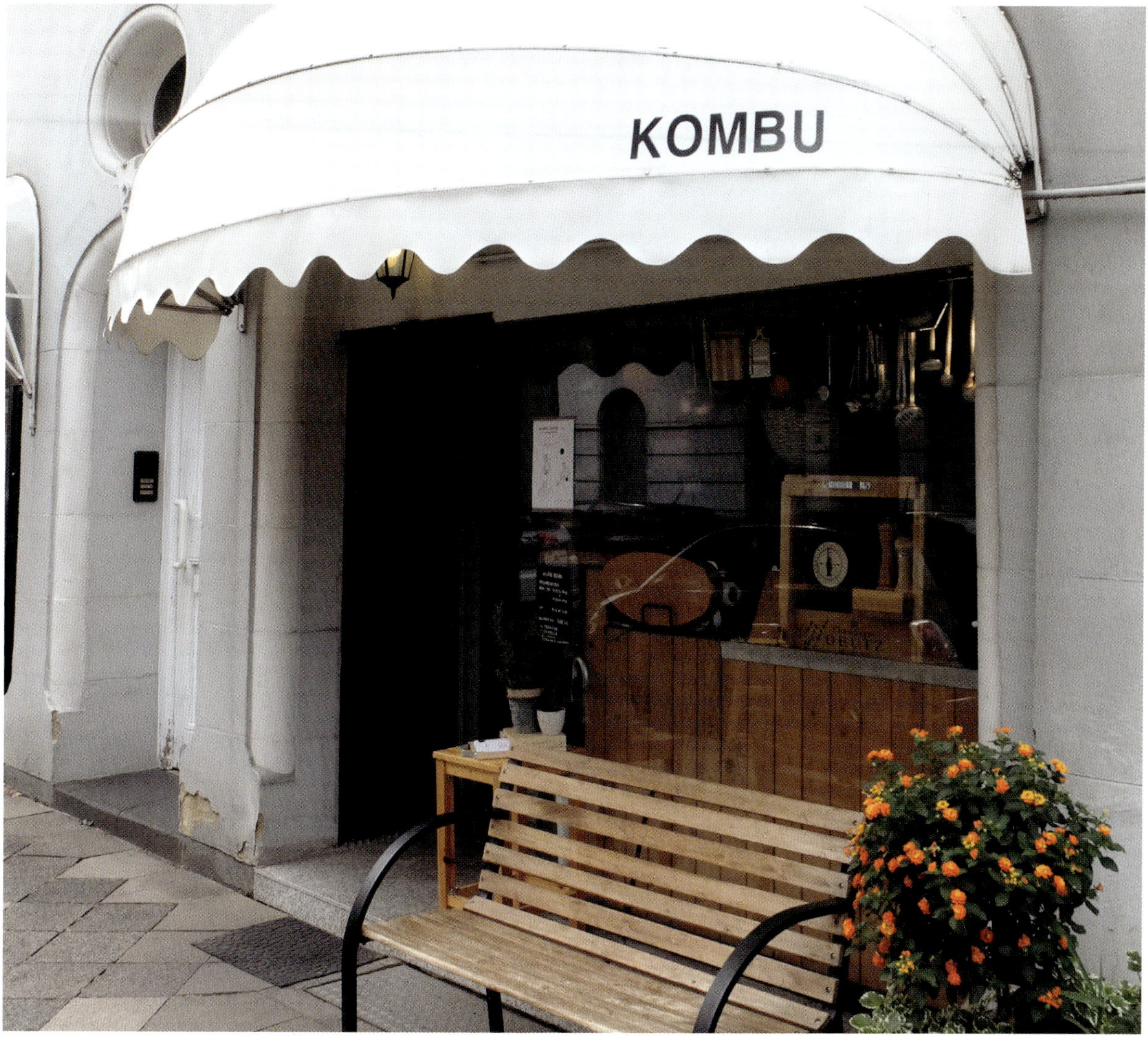
KOMBU

BISTRO
19. SCHWEINEFLEISCH IN INGWERMARINADE AUF KOMBU REIS-SALAT
20. KNUSPRIGE HÄHNCHEN "KARAAGE" DAZU REIS, SALAT U. POMMES €11,80
21. GYOZA (HÄHNCHEN & GEMÜSE) TEIGTASCHEN AUF KOMBU REIS-SALAT
22. GYOZA (VEGGIE) TEIGTASCHEN AUF KOMB REIS-SALAT €9,20
RESTAURANT
23. RINDERTELLER IN ROTWEIN GESCHMORTES RINDER HÜFTSTEAK
DAZU REIS MIT SAISON GEMÜSE SALAT U. POMMES
(SERVIERT AUF HEIßER EISENPLATTE)

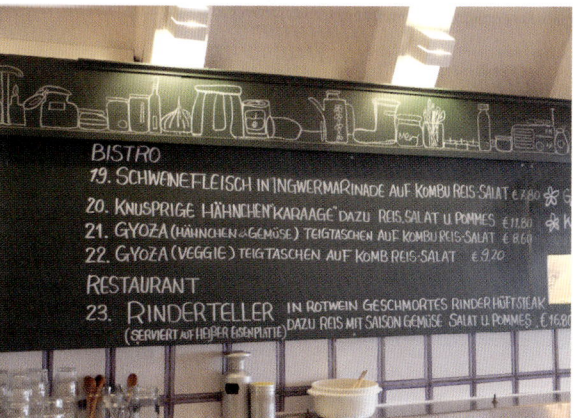

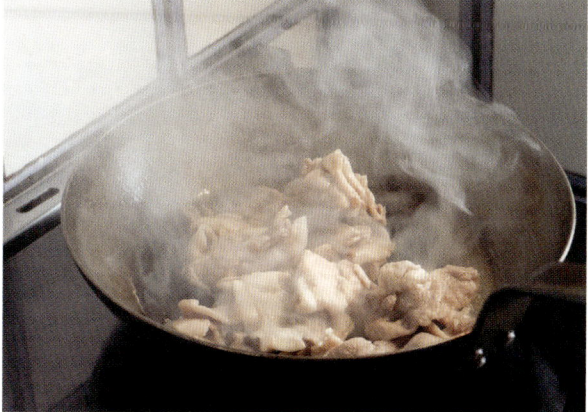

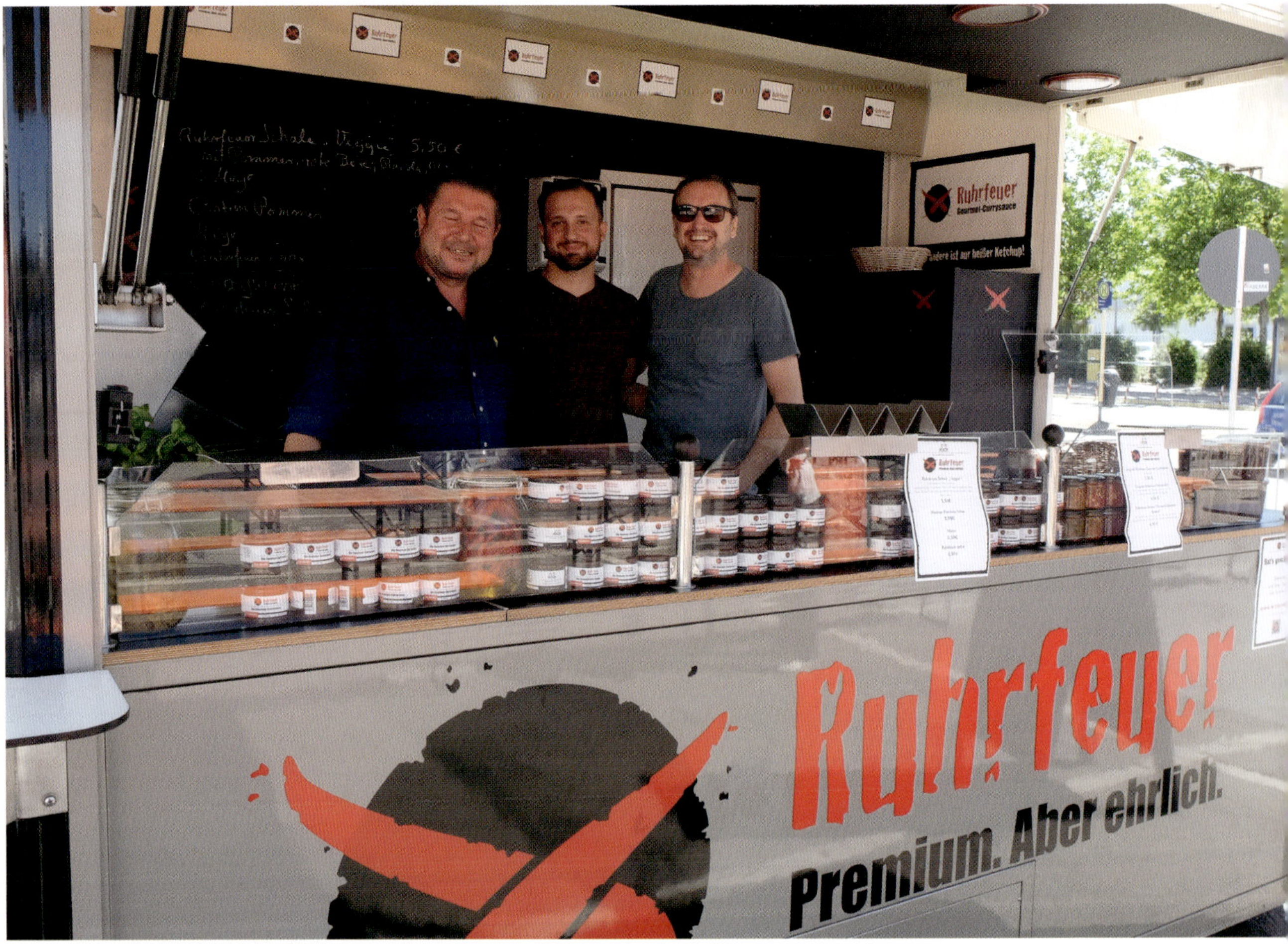
Ruhrfeuer
Gourmet-Currysauce
Ruhrfeuer
Premium. Aber ehrlich.

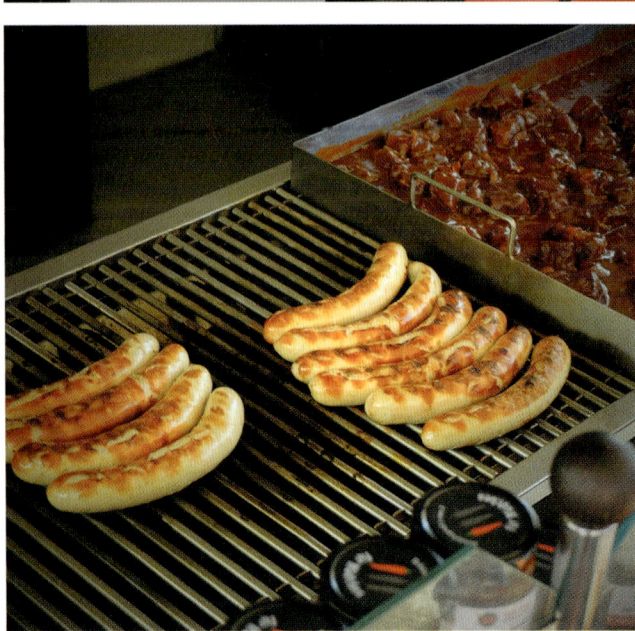

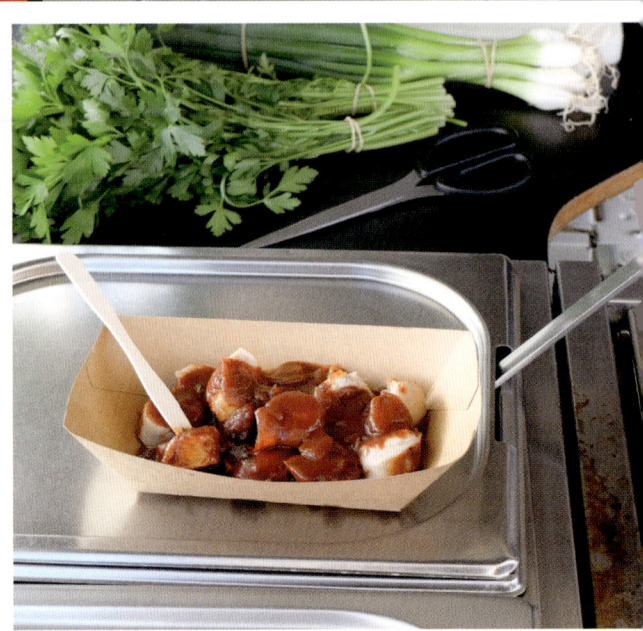

RUHRFEUER

Ruhrfeuer. Der Imbiss.
Parkplatz Media Markt Dümpten
Mannesmannallee 31
45475 Mülheim/Ruhr
Öffnungszeiten: Mo–Sa, 11 bis 19 Uhr
www.ruhrfeuer.de

Kennen Sie den? Kommt eine Frau mit ihrem Jungen anne Pommesbude und kauft Pommes.
Sagt der Junge: „Gib mich die Pommes."
Sagt die Mutter „Dat heißt nich: ‚Gib mich die Pommes', dat heißt: ‚Gib mich die Pommes, bitte'."
Ich kenne keinen anderen Witz, der in solcher Kürze so viel Lokalkolorit des Ruhrpotts auf den
Punkt bringt wie dieser. Als in Bottrop aufgewachsenem Zechenkind kann ich bis heute an keine
Pommesbude gehen, ohne grinsend an diese Szene zu denken. Oder an Schaschlik.

Ein guter Schaschlik war in meiner Kindheit für eine Pommesbude mindestens ebenso wichtig
wie heutzutage die Currywurst, und allein die Schaschliksauce bei Mengede am Pferdemarkt in
der Bottroper Innenstadt war so lecker, dass wir sie sogar solo für 30 Pfennig mit Brötchen be-
stellten, wenn das Taschengeld nicht mal mehr für Pommes reichte.
So ein richtig guter Schaschlik, wie er im Traditionsbuche des Potts steht (also am Spieß mit Zwie-
beln, Paprika und Speck gegarte Schweinefleischwürfel in herzhafter Schmorsauce), gehört heute ja zu den bedrohten Spezialitäten wahrer Imbisskultur des Ruhrgebiets und kann deswegen
dort leider nur noch sehr selten gesichtet werden.
Aber ausgerechnet auf dem schnöden Riesenparkplatz des Mediamarkts in Mülheim an der
Ruhr, da gibt's ihn noch. Also muss man dahin, nicht nur wegen des Schaschliks, sondern auch
wegen der hausgemachten Currysauce, die hier zur Bratwurst gereicht wird und deren hinter-
gründiger Geschmack auf dem beim Schaschlik entstehenden Fond fußt. Dazu eine selbst entwi-
ckelte Currypulver-Mischung, aber selbstverständlich keine miesen Zutaten wie Bindemittel oder
Geschmacksverstärker, weil die beiden selbsternannten Schaschlik-Brüder Dietmar Haubold und
Timo Winter es mit der Premiumqualität ihrer Marke „Ruhrfeuer" unter dem Motto „Beste Currysauce, wo gibt" wirklich ernst meinen.

Wie scharf es werden soll, kann jeder selbst ausprobieren. Drei Saucen gibt's zur Wahl: die für Mädchen, die für Jungs und die für Kerle, die je nach Grad der Schärfe die Gaumen und, je nach Grad der politisch korrekten Grundeinstellung, die Gemüter unterschiedlich erhitzen. Mein Favorit ist übrigens die für Mädchen.

Einstimmig zu loben ist jedenfalls die Qualität der fein gewürzten Bratwurst, die für den Vorzeige-Imbiss vom Metzger des Vertrauens mit Schweinefleisch aus artgerechter Haltung hergestellt wird.

Also, wenn ich schon mal da bin und noch genug Taschengeld habe, gib mich doch gleich was von allem. Schaschlik, Pommes, Currywurst – in dieser Reihenfolge. Bitte.

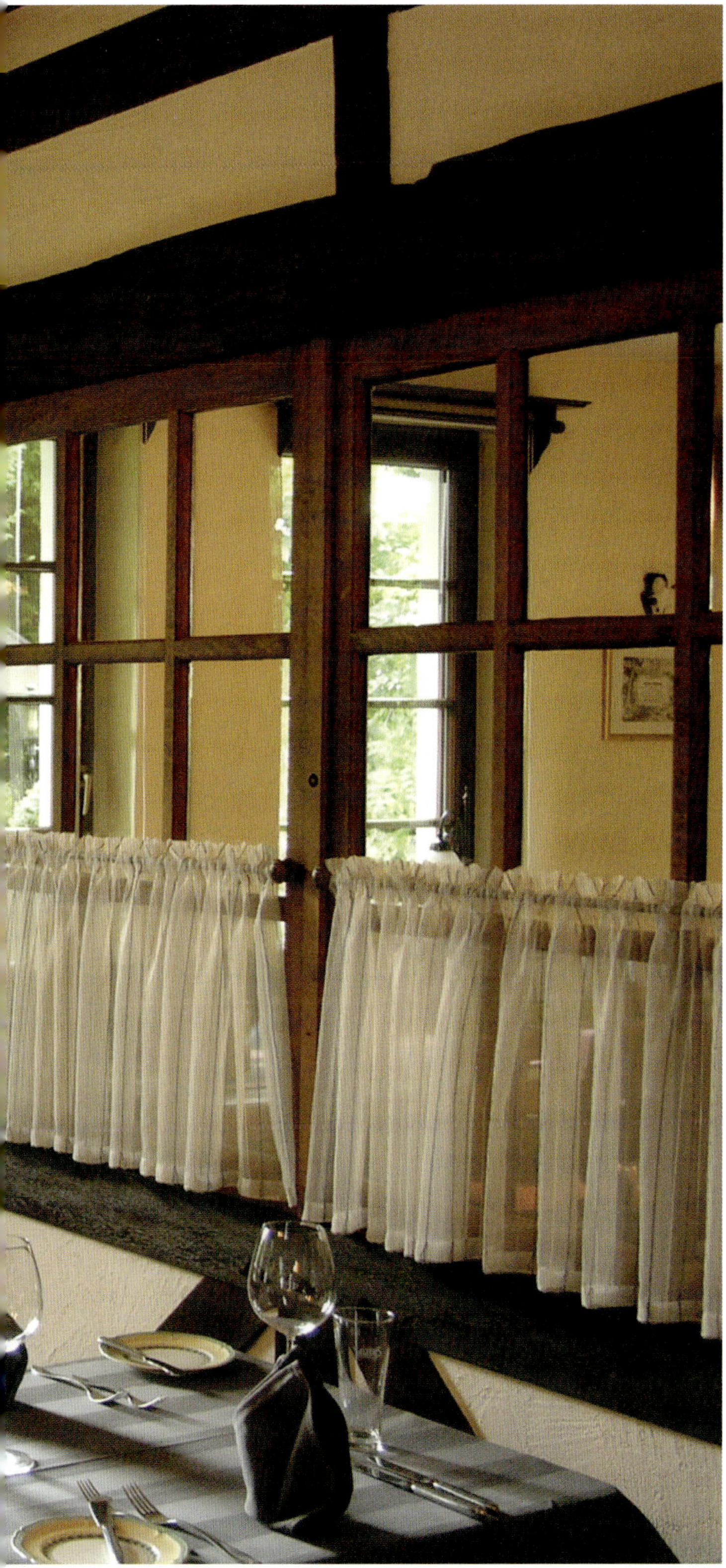

Bergisch tafeln

BALLEBÄUSCHEN

Ballebäuschen
Hasseler Str. 10
51580 Reichshof-Hespert
Tel.: 02265 9394
www.ballebaeuschen.de

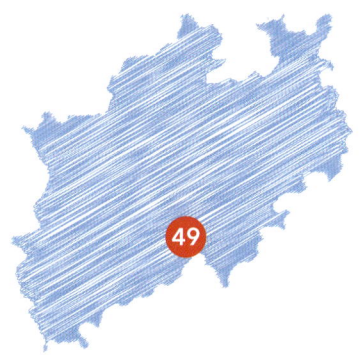

Ballebäuschen sind ein kugelförmiges Traditionsgebäck aus Vanillezucker, Eiern und Mehl, das in Fett ausgebacken wird und früher in jedem bergischen Haushalt zum Familien-Kaffeeklatsch serviert wurde. Passt also, dass dieser Begriff, der in der Gegend auch regionalsprachlich insgesamt für Gemütlichkeit und Wohlbefinden steht, zum Namenspatron dieses sehr einladenden Landgasthauses wurde, das Marlies und Günter Allmann vor fast 30 Jahren eröffneten.

Die beiden sympathischen Ex-Kölner sorgen mit großer Leidenschaft und viel Herzblut dafür, dass jeder Besuch hier ein rundum schönes Erlebnis wird. Herzlicher Service und zuvorkommende Bedienung sind so selbstverständlich wie durchweg gelungene Landhausgerichte, die Günter Allmann mit der ganzen Souveränität eines handwerklich sehr versierten Kochs zubereitet. Das kann man immer an der aromatischen Balance all seiner Gerichte feststellen, die grundsätzlich klassisch angelegt sind, aber immer auch mit überraschenden Nuancen bei der Zusammenstellung verschiedener Zutaten auf den Tellern, bei denen er auch gerne weit über die Landesgrenzen hinausgeht.

So zum Beispiel beim nur leicht angebratenen Thunfisch mit Sesam und Wasabi-Creme, neben dem ein Karotten-Fenchel-Salat liegt, oder bei einem Kabeljaufilet aus nordischem Wildfang mit Nordseekrabben-Ragout, das mit Roter Bete und Speckkartoffeln geerdet wird.

Wobei Allmann bei solchen Produkten genauso auf Frische und hohe Qualität achtet wie bei Fleisch und Gemüse aus der Region, dass er wenn möglich immer bevorzugt.

Regionaler als beim Wild geht's allerdings nicht, das der Küchenchef gerne selber erlegt oder, wenn er selbst keine Zeit hat, von befreundeten Jägern ausschließlich aus den naheliegenden Naturschutzgebieten bekommt. Dadurch können Kenner der Materie hier das Glück haben, eine frisch gebratene Rehleber oder hausgemachte Rehbratwurst zu genießen, oder, eher selten auf Speisekarten, ein Stück von geschmorter Rehschulter, alles immer mit tiefgründig angelegten Saucen und feinen Gemüsebeilagen serviert. Nicht zu vergessen, dass knusprige Kartoffelrösti und Reibekuchen als Extra-Beilagen immer eine Bestellung wert sind.

Die von Marlies Allmann passend dazu zusammengestellte Weinkarte listet viele gute Weine aus deutschen Regionen zu moderaten Kursen, die offen angebotenen Karaffen sind angenehm süffig, als Digestif eignen sich nach traditionell schön großen Portionen feine Obstbrände vom Wägelchen.

Die würden auch nach den wunderbar fluffigen Waffeln in echt bergischer Herzchenform passen, die immer nachmittags an Wochenenden und Feiertagen zum Kaffee angeboten werden. Die grandiose bergische Kaffeetafel in Reinkultur gibt es mit allem Zick und Zack von Rosinenstuten über Leberwurst bis zum Milchreis nur auf Bestellung für mindestens acht Personen und wenn Sie mindestens drei Stunden Zeit mitbringen. Weil es keinen Sinn habe, sagt Marlies Allmann, dieses so schöne wie üppige Ritual der bergischen Tafelkultur ohne entsprechende Muße und dazu gehörenden Klatsch zu zelebrieren.

Die aufwändigen echten Ballebäuschen gibt's übrigens an Wochenenden ebenfalls auf Bestellung, aber schon ab zwei Personen. Und selbst wenn Sie bisher noch nie ein echtes Ballebäuschen gegessen haben, wissen Sie spätestens nach Genuss des sehr feinen Kugel-Gebäcks, wie schön man sich in diesem Gasthaus als solches fühlt.

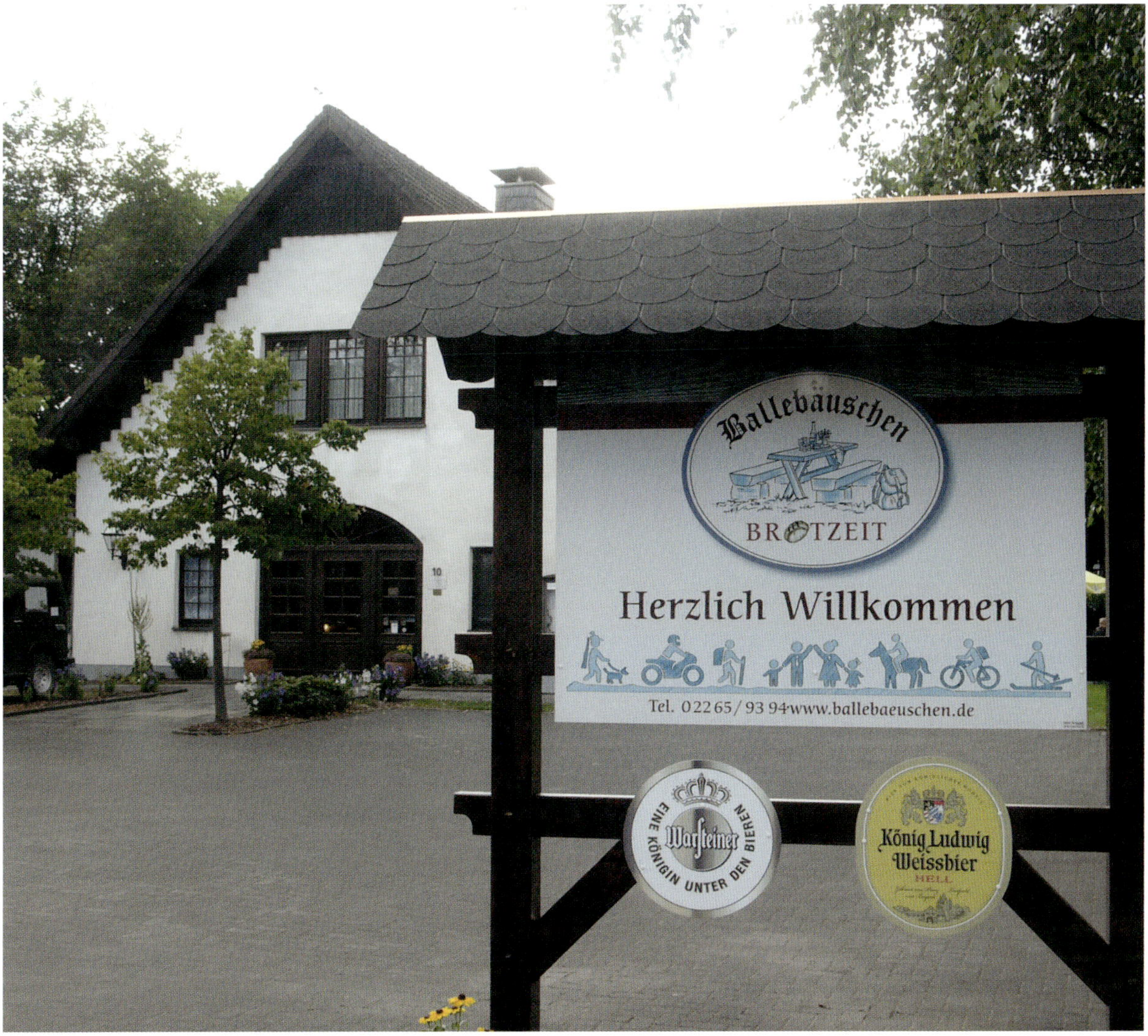
Ballebäuschen
BROTZEIT
Herzlich Willkommen
Tel. 02265/93 94www.ballebaeuschen.de
Warsteiner
EINE KÖNIGIN UNTER DEN BIEREN
König Ludwig
Weissbier
HELL

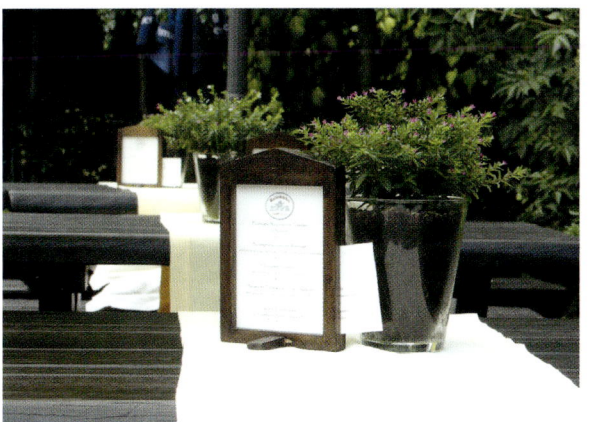

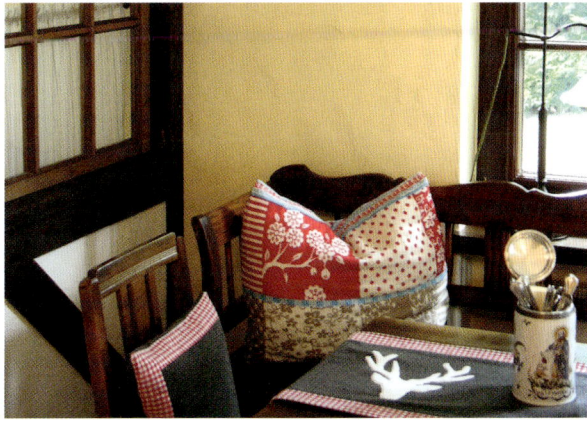

GASTHOF WILLENBRINK

Gasthof Willenbrink
Hauptstraße 10
59510 Lippetal-Lippborg
Tel.: 02527 208
www.willenbrink.de

Kulinarisches Grundverständnis und regionale Produkte in ihrer jeweiligen Saison: So bestechend einfach fasst Josef Willenbrink das Küchenkonzept seines Gasthofs zusammen, mit dem er auf eine mehr als 200 Jahre alte Tradition zurückblicken kann. Viel appetitanregender liest es sich allerdings auf der Speisekarte – so, dass es einem sofort das Wasser im Mund zusammenlaufen lässt und man eigentlich immer gleich alles bestellen möchte. Gebratene Leber vom Rehbock Salat von Zuckerschoten, Senfsuppe mit geschmortem Bauch vom Bentheimer Schwein, hausgemachte Sülze mit Bratkartoffeln, Rückensteak vom Eichelmastschwein mit Sommergemüse und handgeschabten Dinkelspätzle …

Willenbrinks Credo einer modernen westfälischen Küche mit traditionellen Wurzeln setzt der nach über 30 Jahren am Herd immer noch leidenschaftliche Koch auf seiner Speisekarte so konsequent um wie kaum ein anderer seiner Kollegen landauf und landab (wenn überhaupt), vor allem nicht, was die regionale Herkunft der Zutaten aus der direkten Umgebung angeht. Ja, keine Angst, es gibt auch mit Sorgfalt gebratene Schnitzel und klassische Eintöpfe und Gulasch, oder auch mal einen neumodischen Burger, selbstverständlich alles mit der gleichen Sorgfalt zubereitet.

Denn natürlich haben für Willenbrink, der sich seinen handwerklichen Feinschliff in der süddeutschen Sterne-Gastronomie geholt hat, bevor er den Gasthof von seinen Eltern übernahm, bei allen Gerichten die Qualität und Frische der Produkte absolute Priorität. Er hat aber eben nie die manchmal zeitraubende Mühe gescheut, in seiner Umgebung nach Fleisch, Fisch und Gemüse zu suchen, die seine Ansprüche erfüllen. Gefunden hat er einiges. Wie zum Beispiel den Bauernhof im selben Dorf, der eine kleine Herde französischer Limousin-Rinder in Mutterkuhhaltung hat, die sehr feinfaseriges Fleisch mit schöner Fettmarmorierung liefern. Das kann dann als gut abgehangenes, kurz gebratenes Steak auf dem Teller landen, als langsam geschmorter Braten und gefüllte Roulade oder als Beinscheibe, weil Willenbrink immer ein ganzes Rind kauft und alle Teilstücke serviert, bis alles davon verwertet ist.

Wild kommt ebenfalls von Jägern aus der Umgebung, Wildkräuter und Pilze von nahen Wiesen und Wäldern, die dort ein Nachbar für ihn sammelt, der sich bestens auskennt.

Auch beim Gemüse macht der Koch keine Kompromisse, bei der Zubereitung ebenfalls nicht. Alles wird frisch zubereitet, nichts kommt vorgefertigt oder mit irgendwelchen industriellen Aromen in den Topf – besonders gut zu schmecken bei den Saucen, die seinen Gerichten oft noch ein i-Tüpfelchen aufsetzen, nicht nur bei den deftig westfälischen Gerichten.

Eigentlich ist sowieso alles westfälisch in diesem Gasthof, der ziemlich genau auf der Grenze zwischen Münsterland und Sauerland liegt (und glücklicherweise in fußläufiger Entfernung der Northoff-Destille, siehe Seite 24): die gemütliche Gaststube in dunklem Holz, die herzliche Gastfreundschaft, mit der seine Frau Gabriele und ihr Serviceteam die Gäste betreuen, und natürlich der Chef selbst, der gerne mal aus der Küche geflitzt kommt, um sich zu erkundigen, wie es geschmeckt hat. Oder um bereitwillig über seine Gerichte Auskunft zu geben, wenn er zum Beispiel bei den regelmäßigen kulinarischen Themenwochen mit westfälisch trockenem Humor erklärt, warum Zubereitungen mit Getreide unter „Körner picken" laufen und trotzdem sehr empfehlenswert sind.

Wie zum Beispiel sein Dinkelrisotto mit pochiertem Lipporger Landei und Craftbeer-Hollandaise, zubereitet mit dem Schonebeck-Roggen-Triple der Gruthaus-Brauerei (siehe Seite 78). Ein vegetarisches Gericht der Extraklasse und bei Willenbrink überhaupt kein Widerspruch zu seinem bodenständigen Gasthaus-Anspruch, sondern sogar ein vorzügliches Beispiel dafür, was hochkarätige regionale Küche leisten kann, wenn man sie kreativ ernst nimmt. Wie auch beim herzhaften Kartoffelguglhupf mit Blutwurstdip oder wie bei einem Stück vom Rumpsteak, das Willenbrink als ganzes 2-Kilo-Kaliber gart und mit Wirsingroulade und echter Sauerländer Potthucke serviert.

Ja, ich hör ja schon auf, aber von solchen großartigen Interpretationen regionaler Spezialitäten und westfälischer Klassiker kann man einfach nur begeistert sein. Fahren Sie doch eh besser selbst hin, um mir beizupflichten, das sehr gute Preis-Leistungs-Verhältnis hier wäre noch ein Grund mehr. Und als Weinliebhaber sollten Sie gleich über eine Übernachtung im Haus nachdenken, denn auch die Weinkarte, auf die nur Flaschen kommen, die der Hausherr selber gerne trinkt, hat es qualitativ in sich. Bevor es noch zum Streit kommt, wer hinterher fahren soll …

Männer die kochen,
sind unwiderstehlich.

Wirklich lecka

OVERKAMP

Overkamp
Am Ellberg 1
44265 Dortmund
Tel.: 0231 462736
www.overkamp-dortmund.de

51

Wenn auf einem Gasthaus als einziges Wort nur noch der Name steht, dann weiß man sofort, dass es sich hier um eine Institution handeln muss. Overkamp. Nicht mal mit Punkt. Mehr Historie und mehr Lokalkolorit gibt es bei einem Gasthaus vermutlich im ganzen Ruhrgebiet sonst nicht. Seit 1621 im Besitz der Familie Overkamp und bis heute dort, wo Dortmund am höchsten ist, nämlich auf dem Ellberg im Stadtteil Höchsten.

Institution heißt aber bei Overkamp, dass man auf dem höchsten Punkt der Stadt bodenständig bleiben und gleichzeitig sehr gut kochen kann. Das zeigt schon der Blick In die Speisekarte. Leider nicht immer vorhanden, aber wenn, dann sehr empfehlenswert: der vorzügliche Pfefferpotthast, gleichzeitig ur-westfälisches Nationalgericht und in der Version Overkamps ein Vorzeige-Klassiker des Hauses.

Daneben rappelt es natürlich immer in der Speisekarten-Kiste, was typische Ruhrgebiets-Gerichte angeht, gerne mit lokalen Anmerkungen wie „wirklich lecka" und ähnlichen Wortspielen garniert: das gute alte Dortmunder Krüstken mit Spiegelei obendrauf und cremigen Sahne-Champignons dazu, Rumpsteak mit Schwerter Senf und Fröndenberger Käse überbacken, eine großartig fleischige Sülze mit Bratkartoffeln oder top-frische Wickeder Forelle vom Fischhof Baumüller (siehe Seite 144) blau pochiert oder à la Müllerin fein gebraten.

Nicht mehr so deftig, wie es Senior Heinrich Overkamp noch in den 1970er Jahren auf den Teller brachte, aber eben auch nicht überkandidelt zubereitet. Das würde seinem Schwiegersohn Günther Overkamp-Klein, dem heute verantwortlichen Küchenchef des Hauses, in Overkampscher Tradition auch gar nicht in den Sinn kommen, selbst wenn die früheren Zeiten längst vorbei sind, als Bergmänner und Handwerker hier noch wesentlich mehr zu Hause waren als der heutige mindestens gutbürgerliche Mittelstand. Wenn Sie Glück haben und Heinrich Overkamp („ich bin hier jetzt der Alte") in seiner herrlichen Ruhrpott-Diktion mit Spaß in den Backen ins Erzählen kommt, wird der ältere Teil der Hausgeschichte wieder sehr lebendig.

Zum Beispiel, dass hier damals der Freitag „Lohntüten-Ball" genannt wurde, wenn die Arbeiter, die über die Woche mehr Durst als Geld hatten, ihre mit Gummibändchen zusammengehaltenen Deckel bezahlten, auf denen die Bierchen der vorherigen Tage angeschrieben waren. Zu jener Zeit gab es im Lokal über die Woche meist Eintöpfe, Schnitzel höchstens sonntags oder bei Geburtstagsfeiern oder Hochzeiten, die hier heute noch gerne gefeiert werden. Heutzutage gibt es dagegen immer Schnitzel, auch gefüllt in einer einwandfreien Version des Cordon bleu, das man anderswo leider nur noch selten in dieser Klasse auf den Teller bekommt.

Die unweigerliche Gretchen-Frage nach der regionalen Herkunft der verwendeten Produkte beantwortet Günter Overkamp ebenso offen wie selbstbewusst. Wenn in der von ihm gewünschten Qualität und Menge möglich, dann ja, wenn nicht, zählen Qualität und Preis vor Entfernung zum Erzeuger. Aber auch dabei werden Nachfragen der Gäste ehrlich beantwortet. Da kann sich ja jeder selbst entscheiden, was ihm wichtig ist. So oder so sind die Preise allerdings immer gastfreundlich kalkuliert. Und ein Extra-Lob geht an die sehr engagierte Service-Crew, die jedem Gast geradezu herzlich das Gefühl vermittelt, persönlich willkommen zu sein. Auch schon nachmittags, wenn die große Kuchen- und Tortentheke im Eingangsfoyer prall gefüllt ist. Besonders an der Käse-Sahne-Torte geht für mich nun wirklich im wahren Sinne des Wortes kein Weg vorbei.

Riesling, Riesling über alles

BUNGERTSHOF

Bungertshof
Heisterbacherstraße 149
53639 Königswinter-Oberdollendorf
Tel.: 02223 3010
www.bungertshof.com

Beim Bungertshof bleibt mir gar nichts anderes übrig, als mit dem Wein zu beginnen. Nicht nur, weil Inhaber Andreas Lelke vom Deutschen Weininstitut gerade als einer von nur sechs Gastronomen in Deutschland für die „Ausgezeichnete Weingastronomie 2020" gelobt wurde. Damit befindet er sich zwar in sehr guter Gesellschaft, zu der zum Beispiel auch der Drei-Sterne-Tempel „Vendôme" im Schloss Bensberg gehört, doch bei ihm ist die beamten-

deutschhafte Begründung der Jury, dass er sich wie die anderen Ausgezeichneten „in besonderer Weise für die Weine aus deutschen Regionen engagiert" – schlichtweg die Untertreibung des Jahrhunderts!

Mir fällt jedenfalls kein anderes Gasthaus ein, dessen Weinkarte rund 1600 Positionen enthält, davon gefühlt mindestens tausendmal Riesling aus Deutschland. Nicht wenige – von absolut erstklassigen Weingütern von Mosel und Nahe oder aus dem Rheingau und der Pfalz – sind zum Teil mit bis zu fünfzehn Jahrgängen vertreten, gemäß Lelkes eigener Weinphilosophie, dass große Weine ihre Stärke erst im Alter präsentieren. Doch selbst diese Aushängeschilder von Deutschlands Edeltraube sind in ihrer Klasse preiswert und für Weinfreunde mit diesem Anspruch durchaus trinkfreundlich kalkuliert. Bevor nun normale Weintrinker Angst vor dieser un-

fassbaren Weinkarte bekommen, folgt sofort die Entwarnung auf dem Fuße. Natürlich bietet ein wahrer Weinenthusiast wie Andreas Lelke zusätzlich eine ganze Reihe offener Weine und preiswerter Flaschen für den alltäglichen Genuss an, die trotzdem alle sorgfältig ausgesucht und trinkfreundlich kalkuliert sind, übrigens auch aus internationalen Weinregionen. Für jeden Wein gilt gleichermaßen, dass Andreas Lelke, ein sehr sympathischer, aber eher zurückhaltender Gastgeber, gerne mit kompetentem Rat bei der Weinauswahl hilft. Nur die Frage, wer hinterher noch fahren können soll (und will), müssen Sie möglichst schon vorher unter sich selbst ausmachen.

Ach ja, was zu essen gibt es glücklicherweise auch in diesem historischen Gebäude von 1441, das Lelke vor einigen Jahren mit großem Aufwand und Fingerspitzengefühl für das Flair im Innenhof mit Blick auf die Oberdollendorfer Weinberge und den alten Charme der Gaststube renoviert hat. Und man muss nicht erst ein Fläschchen Riesling getrunken haben, um sich hier als Gast so richtig wohl zu fühlen. Die Speisekarte werden viele noch aus dem Weinhaus Gut Sülz kennen, deren Bewirtschaftung Lelke im Herbst 2019 aufgab. Mitgenommen hat er seine polnische Köchin, die alle hier Joanna nennen, und seine Mutter Karin, die auch mit über 80 noch immer die Kartoffeln für den hausgemachten Kartoffelsalat und die Bratkartoffeln pellt und ihm bei der Vorbereitung in der Küche hilft. Angelegt ist die Speisekarte so zünftig, wie es sich für eine gute Weinstube gehört, die so auch in der Pfalz stehen könnte. Dazu gehört Deftiges wie Hausmacher Blut- und Leberwurst, Sülze mit Bratkartoffeln und Bratenschnittchen mit Kartoffelsalat sowie Feineres à la Bündnerfleisch-Platte oder Roastbeefschnittchen mit Remouladensauce nach Mutters Rezept. Und nicht zu vergessen: der legendäre Matjes-Salat nach Oma Anneliese. Flammkuchen dürfen heutzutage ja nirgendwo mehr fehlen, die hier sind frisch und knusprig. Und, persönliche Anmerkung: Auf keinen Fall dürften jemals solche Schmankerl wie der gebackene Camembert mit Preiselbeeren, Munster mit Schwarzbrot oder die französische Zwiebelsuppe verschwinden.
Für den passenden Wein zu allem wissen Sie ja nun, wen Sie fragen können. Die Chance ist groß, dass auch für Sie der richtige dabei ist.